JN409482

_________________________님께

드립니다

바람의 집

강순희 수필집

바람의 집

수필과비평사

| 책머리에 |

바람의 집에 …

까만 밤이 하얗게 바래도록 허공에서 궁글리던 말들이다. 오늘도 또 하루를 살아나야 할 이유를 페이스톡 열고 아이에게 띄운다. 이역만리 떨어져 있는 아이 품에 잠든 돌쟁이 손녀가 깰까 봐 숨소리 죽이며 오가는 대화가 동굴 속같이 적막하다. 나 자신도 확신할 수 없으면서, 어미 말이니 믿으라며 폭풍 지난 후의 세상은 나아질 거라고, 어제 했던 말을 또 한다. 고개 숙여 묵묵히 듣기만 하는 아이의 휑한 정수리가 눈에 밟힌다.

오늘도 노심초사 견딜 아이 곁에 있어주지 못하는 안타까움으로 막막한데 눈앞까지 흐릿해 버린다. 난, 안녕도 없이 서둘러 통화를 끝낸다. 몇 십 분이 흘렀다고 핸드폰이 더 열불 날 게 뭐람. 벌건 뚜껑 속 기기가 내 뺨보다 더 뜨겁다.

서로 어깨 맞대어 밥 비벼 먹고, 청소하고, 잠자고, 책 보고, 때론 사소한 일로 으르렁대던 소소한 일상이 천국이었음을.

먼 길 떠나려면 빨리 주위를 정돈해야 했다. 그중, 올해 연말 즈음해서 출간하려던 작품을 어중이떠중이 가릴 여유 없이 싸맸다. 촉박한 와중이건만 바람 하나, 마음의 귀퉁이에 달아맨다. 여기 실린 작품 중에 노마지지老馬之智로 봐줄 만한 게 있었으면….

모질고도 우악한 비바람이 잔잔해지기를 염원하며 《바람의 집》에 가까스로 지붕을 얹었다.

이젠 내 아이 눈물 닦아주려 어서 가야 한다.

2020년 8월

강순희

| 차례 |

1부 돌이 싼 오줌이라

2부 떨켜

제3부 미녕 치마

제4부 발자국이 말했다

제5부 어쭈구리

1부

돌이 싼 오줌이라

매봉산 배추농사에 한몫한다는 자갈들도 거룩하다. 낮 동안 뜨겁게 달궈진 돌이 차가운 밤공기를 만나 자갈마다에 물방울이 맺히면 농부는 돌이 오줌을 싸는 거라며 꿀 같은 물이라고 반긴단다. 자질구레한 돌덩이이지만 배추가 자라는 데 크게 거들고 있다는 거다.

돌이 싼 오줌이라

한 달 동안 비가 오지 않았다. 유월 가뭄에 배추 모종은 바싹 타버리고 다시 심어야 하는 농부의 애간장도 탔다. 고랭지 육백만 포기 배추농사는 3개월 날씨가 쥐락펴락한다. 칠월에는 폭염이 들끓더니 팔월 수확기를 앞두고는 기습 폭우로 배추는 만신창이가 되었다. 농부의 가슴은 미어졌다.

기획 방영된 〈매봉산 배추 92일의 기록〉을 보지 않았으면 그들의 애타는 심정을 어떻게 헤아릴 수 있었을까. 약 132만 평이나 되는 밭은 먹고살기 힘들던 1960~70년대 화전민들이 돌밭을 개간하여 만든 땅이라고 하니 이랑마다에 피와 땀이 들어 있는 듯 절절하게 다가온다. 해발 천삼백 고지에서 배추농사 하는 농부의 일상을 시청하면서 두 손이 절로 가슴에 모아졌다.

1년 전 일이다. 그곳, 매봉산에 차를 몰고 올랐던 때가 엊그제 같다. 바들거리며 올랐던 길도 어림짐작으로 영상 안에 보인다. 돌이켜보면 내 운전 실력으로는 맹목적인 도전이었다. 산중턱까지는 아스팔트 길이라 가팔라도 오를 만했다. 경사가 심한 산중턱부터는 나선형 길인데 땅이 그렇게 질척거릴 줄 생각이나 했나. 간신히 차 한 대가 다닐 수 있는 도로 옆은 도랑이었으니 되돌아갈 수도 없는 길, 어쩔 수 없이 전진해야 했다.

요사이 많은 비가 내렸는지 밭에 흙덩이들이 쓸려 나와 난장인 진흙탕 길을 핸들과 바퀴와 내가 혼연일체로 나아가 주기만을 바랄 수밖에. 앞으로만 가야 하는 외길에서 와들와들 떨며 운전했다. 사실 정상까지 운전할 요량은 아니었는데 덜덜거리는 농사용 트럭이 거침없이 올라가는 걸 보고 못 가랴 싶었다. 어서 가서 하얀 풍차 감도는 바람의 언덕에서 스카프를 휘날리며 여름의 끝자락 바람 맛을 보리라는 낭만에만 젖어 있었다.

천 길 낭떠러지로 추락, 아니면 진흙탕 도랑에 빠지지 않은 건, 신이 도와준 거다. 정상에 차를 주차시키고 후들거리는 다리로 간신히 땅을 밟았을 때, 건들건들 다가온 매봉산 바람 맛은 싸하면서도 달았다. 하늘이 열리고 땅에 소복소복 피어 있는 배추가 눈을 홀렸지만 배추 밭은 어지러울 정도로 경사져 가팔랐다.

한숨 돌리고 주위를 보니 팔월인데도 배추 수확을 끝낸 곳이 있다. 버린 배추가 널려있어 한 잎 떼어 맛을 보았다. 역시 고랭지 배추라 맛이 달랐다. 마침 비닐 포대가 있어서 옴치게 담았다. 애들 집에 가는 참에 매봉산을 오른 길이니 딸에게 해 줄 김치 거리까지 생겨서 흐뭇했던 일이며, 탁 트인 풍광 아래 하얀 풍차를 배경으로 초록 장미 같았던 배추들이 지금도 눈에 삼삼하다.

하늘 다음 태백이라고 했다. 그에 더해 매봉산은 표고 천여 미터를 더 올라야 하는 곳이다. 나는 한 번 올라 보고 혀를 내둘렀는데 농군은 한 해에 천오백 번쯤의 발길들이 오르내려야 배추 농사를 지을 수 있다고 한다. 배추 한 포기가 견뎌낸 구십여 일의 여름과 그 여름 한가운데에서 배추를 키운 사람들의 이야기를 보면서 다시금 눈시울이 뜨거워진다. 사십 도가 넘는 경사진 밭에서 온종일 허리 숙여 일하고 있는 그들의 손과 허리며 무릎과 진흙투성이 발조차 애틋하다 못해 거룩하다.

매봉산 배추농사에 한몫한다는 자갈들도 거룩하다. 낮 동안 뜨겁게 달궈진 돌이 차가운 밤공기를 만나 자갈마다에 물방울이 맺히면 농부는 돌이 오줌을 싸는 거라며 꿀 같은 물이라고 반긴단다. 자질구레한 돌덩이이지만 배추가 자라는 데 크게 거들고 있다는 거다. 돌이 주는 생명수를 받아먹어 회생하는 배추처럼, 저 농군들도 자연이 베푸는 섭리를 믿으며 난관을 헤쳐 나가고 있겠지.

여기 일꾼들은 거지반 꼬부랑 할머니들이다. 밭고랑 사이에 얼굴을 박고 일하는 할머니 뒤태가 어머니 닮아 깜짝 놀랐다. 순간, -

어머니는 이 세상에 안 계시지–. 안도하며 한숨 내쉬는 내가 경망스럽지만 어쩌랴. 생전에 어머니도 아픈 허리 마다하지 않고 밤낮없이 일을 놓지 않아 슬펐는걸. 풍차에서 맴돌던 맞바람이 된서리 되어 콧등을 시리게 한다.

산자락에 노을이 진다. 허리를 숙이거나 펴거나 똑같은 자세인 노인이 일과를 마치고 배낭을 짊어진다. 노역에 얽매인 삶도 꾸부정한 등에 매달린다. 보는 나조차 무거워 한숨이 절로 나온다. 어쩌면 벼랑 땅을 의지하며 산 그들에겐 꼿꼿한 수직의 허리는 애당초 어울리지 않음일까.

맵고 알싸한 공기가 매봉산 가파른 등허리에 자욱하다.

수련

먼 후일, 나는 이 여름을 어떤 색으로 떠올리게 될까.

후유증이 만만치 않다. 얼마간 고향을 떠나 한나절 이상 시간차가 나는 타국에 머물렀었다. 집에 돌아와 며칠이 지났건만 아직도 정신이 멍하다. 더구나 열대야로 밤 온도가 30도를 오르내리니 잠을 잤는지 깨어 있었던 건지조차 몽롱하다.

궁여지책으로 새벽 운동을 나섰다. 새벽 3시, 열대야로 후텁지근하다. 이참에 새벽 운동하는 습관이나 길들여야지 마음먹는다. 한길에 늘어선 가로등 불빛이 눈부시게 밝다. 땅에 떨어진 바늘이라도 보이겠다. 문명은 전구에서 내뿜는 빛까지 찬연하게 바꿔 놓았다. 낮밤이 따로 없다. 곳곳에 포진한 24시 편의점도 불야성이라

주머니 가벼운 행인들이 머물다 간 흔적들로 너저분하다. 야외 탁자에 널브러진 소주병은 잠 속 무아경인 것 같고 카메오처럼 그 옆을 스쳐가는 나는 술 취한 사람처럼 비틀거린다. 집 근처 공원에 들어서자 습관대로 화장실로 들어섰다. 아직은 사람 다녀간 흔적은 없고 천장에서 발산하는 빛만 사방에 유유하다. 문을 열고 들어섰더니 통유리창 너머 물 위에 하얀 꽃이 반긴다. 나를 기다리고 있었다는 듯 해맑은 웃음으로 맞는다. 화사한 꽃 때문에 흐릿했던 눈이 또렷해진다. 근 한 달, 타국 생활로 뒤섞여버린 일상이라 수련이 피는 계절을 염두에나 두었나. 문득 만난 친구처럼 반갑다.

제주도는 공공장소에 설치된 화장실마다 시설이 독특하고 훌륭하다. 이곳 여자화장실도 아름다운 화장실로 선정된 곳이니 만큼 가히 특별하다. 화장실 안, 동쪽 벽에 통유리를 설치해서 밖에 연못을 조성해 놓은 기발함이 돋보이는 곳이다. 여기에 수련 여남은 송이가 활짝 피었다. 몇십 평 될까 말까 한 공간이지만 드나드는 이들이 마음 정화에 한몫할 성싶다. 연못에 핀 수련 못지않게 벽화도 눈요깃감이다.

"웬일이야, 이 야밤에. 넌 밤이면 어김없이 잠자야 하는 잠꾸러기잖아."

밖은 캄캄한 어둠인데 활짝 피어 있는 수련을 본 순간, 눈앞이 환했지만 마음 같지 않게 딴소리가 나왔다. 빛에 민감해서 낮에 구름이 끼거나 비 날씨에도 꽃잎을 오므려 버려 잠잘 수睡 자를 써서 수련이라 했잖은가.

수면을 온통 초록으로 물들인 잎도 매력이 넘친다. 잎 모양새를 모습으로 바꿔서 봤을 뿐인데 연못에 웃음이 가득 넘친다. 얼굴의 반이 입모양인 이파리는 태어나면서부터 방긋 웃는 스마일이란 사실, 동그란 얼굴에 언제나 웃음 가득 담고 있다는 사실이다. 그네들이 헤헤거리는 모습이 볼수록 귀엽다. 어느 시인이 풀꽃에게 건넨 시를 헤아리게 한다. '볼수록 사랑스럽다. 수련이 그랬다.'

어떤 생물이건 생과 사가 있기 마련이다. 여기 수련도 웃음 웃는 호시절만인 것 같아도 물아래에는 누렇게 바래 가는 잎들이 지천이다. 전체적인 연못의 풍경은 초록으로 보이지만 해져 너덜거리는 잎들을 새로 돋아 오른 잎이 가려 주고 있다. 친구의 배려로 추레한 모습을 내보이지 않고 고요히 물밑으로 사라져 간다. 흉하게 스러져 가는 친구의 가리개가 되어 고이 생을 마칠 때까지 감싸 주고 있다.

깜깜한 신새벽인데도 소담하게 핀 수련 꽃을 다시금 들여다봤다. 밤잠을 설쳐 투덜대는 나와는 얼굴색이 다르다. 볼수록 청순하다.

"잠보인데 언제 잠을 자려는 거지. 두어 시간 후면 땡볕 내리쬐기 시작할 텐데, 네 하루가 궁금하네."

"잠이 안 올 때는 꿈을 꾸고 있어."

수련은 해맑게 웃으며 꿈결인 듯 대답한다. 어둠 깊을수록 열광하는 전구의 광체 유혹에 홀렸는지도 모를 일이다. 화장실에 밤새

켜 놓은 LED 발광 불빛에 고이 여몄던 저고리 앞섶을 풀어 버렸나. 적응한다는 건, 주위와의 조화를 위해 내가 변해야 한다는 걸 보여줌일까.

30여 년 동안, 수련에 내리는 빛의 흐름에 몰두한 화가 모네를 떠올린다. 빛은 순간순간 변한다는 걸 알기에 태양의 움직임 따라 꽃에 내린 빛의 아름다움을 붙잡으려 했던 화가다. 시시각각 수련에 맺히는 꿈같은 명암 앞에서 얼마나 노심초사하며 붓 터치에 심혈을 기울였을까. 그가 떠난 지 많은 세월이 흘렀지만 빛 따라 오만 빛깔 수련으로 피게 한 치열한 창작 혼과 열정이 이 여름에 더욱 찬란해 보이나니. 그때의 빛, 그때의 여름, 그때의 수련이 내 눈앞에 펼쳐진다.

들락거리는 사람 하나 없는 이른 새벽, 화장실 동창 너머로 물의 맥박으로 자란 모네의 수련이 꿈속에선 듯 피어난다. 환호하는 잎들의 열렬한 환영 소리, 소리들. 꽃은 화답하듯 한 마리 하얀 나비로 화하여 날개 팔랑거린다. 꽃의 날갯짓에 물의 맥박이 파르르 진동한다. 수련 향기가 물의 떨림을 타고 수면 위로 번진다. 잎들의 웃음이 그윽하다. 내 마음에 울림을 준 바슐라르의 '현실의 세계와 꿈의 세계를 연결하는 감성'이 함께 춤춘다.

이 새벽, 이미지와 상상력이 준 몽상은 축복이다. 비록 꿈처럼 스쳐갔지만 수련의 미소를 올여름과 함께 기억하리.

오늘따라 동녘이 유난히 붉다.

아모르파티(Amor Fati)

어스름 저녁, 여인들이 공원에 모였다. 1박 2일 도외 문학세미나 후, 친교의 시간에 선보일 라인댄스 연습 때문이다. 노래는 대중가요이면서 폴카풍의 흥겨운 〈아모르파티〉로 정했다.

종일 달구어진 콘크리트 바닥이 한낮 열기 못지않지만 촉박한 일정에 그 누구도 더위를 탓하지 않는다. 첫 연습 시간이라 발 따로, 마음 따로 논다. 발이 꼬이니 몸도 어기적댄다. 비교적 단순한 동작이지만 몸치인 내 발은 댄스의 기본인 바인 스텝조차 받아들이기를 거부하며 따로 논다. 몇 가지 몸놀림인데 발동작이 되는가 싶으면 손이 헷갈리니 난감하고 한심하다. 내 손과 내 발인데 내 맘대로 다루지 못하다니, 슬며시 약까지 오른다. 기합을 준답시고 발바닥을 땅에 치고 두 손바닥을 탁탁 마주치며 집중하려 애써 본다.

금방 스텝을 익힌 50대 두 여인은 무대 앞자리 감이라고 치켜세운다. 당연히 나같이 어리대는 이들은 가장자리와 뒷자리 차지다. 평균 나이 60대 여덟 여인들의 파티 준비는 이렇게 시작됐다.

한 시간이 지나자 다행히도 박자가 귀에 들어오기 시작한다. 가락이 들리고 머리에서 보내는 신호가 다리에 거지반 전달된다. 무대에서 노래가 끝날 때까지 동작을 멈추지 않으려면 손발에 익을 때까지 연습밖에 없겠다. 몸이 제법 신바람을 탄다. 이 정도면 잘하는 거라며 내가 나에게 칭찬을 건넨다.

생각이 마음을 지배한다고 했다. 무대에서 박자를 놓쳐 어리벙벙하면 어쩌나 걱정하지 말자. 우리 팀이 프로같이 일사불란할 리는 절대 만무다. 연습을 제아무리 했다 해도 소녀시대 포즈는 염두도 못 낼 것을, 그냥 지금을 즐기자. 뜻이 맞으면서 자유분방한 문우들과 어울리는 이 시간이 마냥 좋다.

건강한 몸으로 하루를 즐겁게 살 수 있다면 그보다 소중한 게 무엇이랴. 여기 모인 여인들은 제각각 사연이 많다. 아픔이 있어도 언제나 꿋꿋하고 명랑한 그녀들이다. 운명으로 여겨 견디니까 견뎌내고 있을 게다.

어린 아들을 먼저 가슴에 묻은 엄마, 아장 걸음마 걷는 아가를 두고 먼저 가버린 무정한 남편을 그리며 흰머리 늘어가는 여인, 병마와 싸우면서도 매사에 적극적이고 용감무쌍한 여장부, 딸 · 아들 큰

공부한다고 외국에 가버린 허전함을 사회봉사하며 그리움을 달래는 모정, 병중의 남편을 하늘같이 보필하며 3개 국어로 외국인 관광 안내를 하는 지혜로운 여인, 평생 나타날 리 만무인 '고도를 기다리며' 책상에서 하염없이 시간을 죽이는 어리석고 서글픈 나.

길지 않은 인생, 불필요한 것들을 털어버리고 가볍게 살아야겠다. 가을이면 단풍잎이 저절로 떨어져 풀숲에 소리 없이 스며들듯이, 자연처럼 자연스럽게 살아야지.

동전의 양면 같은 희와 비는 마음먹기에 따라 변화시킬 수 있는 것, 슬퍼도 눈물이 나고, 기뻐도 눈물을 흘리게 되는 건, 조물주의 깊은 뜻이 있는 게다. 슬픔을 노래하면 주위 공기조차 침울하게 흐르고 기쁨을 노래하면 지나던 바람도 신나서 감돌다 가는 걸.

'그래! 인생은 아모르파티야.'

"산다는 게 다 그런 거지. 누구나 빈손으로 와 소설 같은 한 편의 얘기들을 세상에 뿌리며 살지. 자신에게 실망하지 마. 모든 걸 잘할 순 없어. 오늘보다 더 나은 내일이면 돼. 나이는 숫자 마음이 진짜 가슴이 뛰는 대로 가면 돼~~ 아모르파티! 아모르파티!"

카르페디엠! 이 순간은 아모르파티 물결 위에서 노닐자. 신나는 가락을 타며 오늘을 즐기리.

*'아모르파티(Amor Fati) – 운명애 (운명을 사랑하라)

영주산 만가輓歌

천국의 계단을 오른다. 육백여 계단 따라 핀 산수국이 장관이다. 헛꽃에 자꾸 눈길이 머문다. 고개 떨군 헛꽃 무리가 이 들길 따라 천상에 오른 자들의 한숨으로 보여 쓸쓸하다. 뭇 영혼의 발자국인 양 신비하기도 하다. 늘어진 햇살에 아지랑이 뱅뱅거려 눈앞이 아른거린다. 내딛는 걸음, 걸음이 조심스럽다. 신선이 살고 있어 신령하다는 곳으로 가는 길이기에 아지랑이조차 성스럽게 와 닿는가. 영주산은 선친 묘지가 있는 곳이다. 아버지와 이별한 순간을 떠올리면 언제나 아득하다. 십여 년 전 일이다. 이른 새벽, 어머니가 시내 동생 집에 나들이 가면서 보았던 그 모습 그대로 영혼만 훌쩍 떠나 버리신 아버지. 정월 스무사흘날 오후였다. 그날, 나는 시아버님 제사 준비를 하고 있었다. 오후 두 시쯤 누군가 전해 준 부음을 듣고 사실이 아니기를 빌며 내달렸다.

번영로를 따라 들판에 도열해 있는 억새들이 하늬바람에 서로 부대끼며 울부짖었다. 앙상한 꽃대들이 아버지 손사래인 듯 '애야! 천천히, 천천히 오렴.' 하며 눈시울 뜨겁게 했다. 친정에 가는 몇십 분은 멀기만 했다.

안방으로 뛰어 들어갔다. 곤히 주무시는 모습이다. 부스스 일어나실 것 같아 무릎을 꿇고 아버지 얼굴을 들여다본 순간, 숨이 헉 말아 올라갔다. 하얀 소금강 되어 귓불에 멎어 있는 눈물자국, 찰나였을 생과 사 사이를 오가며 듣고 보는 이 없이 홀로 눈물로 썼을 유서만 남긴 채 아버지는 아무 말씀도 하지 않았다. 눈가에서 하얗게 굳어버린 무수한 말들이 나를 응시했다. 홀로 세상을 하직하며 하고 싶었던 말들이 방안에 떠다니는 것 같았다. 영혼이 서성이고 있지 않나 방안을 두리번거렸다. 영혼이 투명한 건, 떠나는 이를 붙잡지 못하게 하려는 조물주의 섭리일진대, 야속했다. 아버지는 부지불식간에 심장이 잦아들었을 거다. 절명의 순간까지 하염없이 흘렸을 눈물자국을 어찌 잊을 수 있겠나.

불현듯 아버지의 하얀 소금강이 서걱거릴 때면 난 어김없이 몸살을 앓는다. 그 횟수가 줄어들 줄 모른다. 드넓은 벌판 사이에 자리한 계단 끝, 하늘 가까이 앉아 아래를 굽어본다. 모든 미물들에 아버지 눈길이 깃들어 있는 것 같아 허투루 보이지 않는다. 멀리 보이는 한라산이 운무에 휩싸여 섬처럼 떠 있다. 저곳 아흔아홉 골 자락엔 한 많은 삶을 사신 나의 어머니가 계시다.

아버지 떠나가신 후, 시름시름 앓으시던 어머니는 급기야 중환자실에서 하루하루 버티고 있었다. 그날이 사월 초파일이었던 걸로 기억된다. 환자 면회 시간에 맞추려고 급히 버스를 탔는데 한라산 천왕사행 순환버스였다. 거기서 동네 언니를 만났고 느닷없이 들려준 말은 '돌아가신 남편에게 제일 잘한 일이 천왕사 연화원에 모신 거'라고 했다. 도량 좋은 곳에서 조석으로 예불 올리며 섬기고 있으니 영가가 부처님으로 환생할 것 같아 고맙고 마음 편하다고 한다. 신의 계시처럼 들렸다.

병원 앞에서 결심했다. 평생 고생만 하신 우리 어머니를 사시절 연꽃 향기 그윽한 연화원에 모시자. 마음을 굳게 먹고 중환자실에 들어갔다. 소독 냄새에 휩싸인 어머니 모습은 처참했다. 입안과 입술은 갈라져 핏자국이 덕지덕지 눌어붙어 있었다.

"물 주지 마세요." 싸늘하게 말하는 간호사가 저승사자 같았다. 갈증을 호소하며 밤새 찾았을 "물 · 물 · 물"이 어머니의 헐떡이는 숨 너머로 피비린내에 섞여 가냘프게 흘러나왔다. 간호사의 시선을 피해 가며 거즈에 물을 적셔 입안에 흘려 넣기를 수십 번 했다. 밤새 갈증에 시달렸을 어머니는 두어 수저 정도의 물로도 숨길이 편안해졌다.

"어머니! 할락산 아흔아홉 골에 있는 큰 절에 가 봤지예?"

내 눈과 마주하며 고개 끄덕이는 당신의 모습에서 내 말의 뜻을 알아차리니 차라리 편했다. 그때 언니가 들어와서 둘이는 용기 내어 말씀드렸다. 잠깐 사이, 한숨 내리쉴 새도 없이 어머니는 의식을 잃어버렸고 5일 후, 이별의 시간은 오고야 말았다.

한라산 기슭, 천왕사 연화원에 부부 납골당을 마련하여 어머니를 모시는 날, 골짝마다 흐드러진 오월의 신록들이 어머니의 영혼을 떠받들러 마중 나와 주었다. 힘들고 모진 이승을 사셨으니 부디 부처님 가호로 저승에서는 평안하시라고 오체투지로 절하며 빌고 빌었다. 빠른 시일 안에 아버님도 어머님 곁에 모시자고 했는데 여러 해가 훌쩍 지나가버렸다.

몇 년 전, 인도 여행을 떠올린다. 타지마할은 왕과 왕비의 지극한 사랑이 죽어서도 이어지는 곳이다. 술탄 샤자한은 죽은 아내 뭄타즈 마할을 향한 사랑의 증표로 타지마할을 이십여 년 세월에 걸쳐 완성한다. 그 후, 아내의 무덤이 보이는 언덕에 아그라 성을 지었지만 아들에 의해 영어의 몸이 되어 버린다. 홀로 갇힌 신세였으니 부인이 얼마나 그리웠을까. 매일 강 건너 타지마할에 있는 아내를 그리다가 샤자한도 결국 왕비 곁에 묻힌다. 타지마할은 세기의 건축물이기도 하지만 영원한 부부애가 있는 곳이라서 더 빛을 발하는가. 나도 아그라 성에 올라 샤자한의 마음 되어 아련히 보이는 타지마할을 향해 비손했던 기억이 난다.

작은 영주산을 내려오면서 보니 꿀 향기 가득한 꿀풀이 층층이 꿈을 담고 누군가를 기다리고 있다. 멀리 수려한 풍광을 내보이고 있는 큰 영주산도 넉넉한 품 벌려 이곳을 보는 듯하다. 여건을 갖추고도 자식들의 소홀로 부모님은 서로 바라만 보며 오랫동안 별거 중이시다.

정신이 번쩍 든다. 아버님은 성읍리 영주산 벌판에서 이제나저제나 하며 홀로 외로울 게고 어머님은 한라 영주산 연화원에서 아버님 모실 옆자리를 쓰다듬으며 학수고대하고 있지 않을까. 갑자기 마음이 급하다.

새해와 야누스

새해 들어 1월도 어느새 중반에 접어들었다. 구정을 보름여 앞둔 날이기도 하다. 나라마다 한 해의 첫날은 각별하게 받아들이지만 우리는 몸가짐이나 언행을 조심하고 나쁜 기운을 쫓아낸다는 의미로 '설을 쇤다.'라 한다. 떡국으로 차례를 지내고 음복하며 순백의 떡과 국물로 지난해 묵은 때를 버리려는 것이란다. 백의민족을 긍지로 여기는 우리 조상들의 정신에 기인한다고 볼 수 있다.

로마 신화에 1월은 야누스를 들머리에 세운다. january는 야누스의 어원인 janus에서 생긴 말이다. 로마인들은 한 해의 시작은 '새로운 문으로 들어가는 것이며 문 너머로 새로운 세상이 열린다.'고 했다. 야누스를 앞뒤가 없는 도어의 신으로 섬기게 된 것도 앞과 뒤로 눈이 달린 신이라 믿었기 때문이다. 이 신의 임무는 날이 밝으면 하늘의 문을 열어 새 아침을 맞게 하고, 하루가 지나면 하늘의 문을 닫아 어둠을 내리게 하여 우주의 흑과 백까지 관장한다.

야누스는 물리적 의미인 문의 신만이 아닌 과거 미래, 내부와 외부, 위와 아래, 시간의 신으로까지 불렸다니 인간 내면의 명과 암까지 관장하느라 땀을 꽤나 많이 흘리겠다.

사람 사는 곳이면 어디에서건, 기쁘고 행복한 밝음과 부조리하고 부당한 일인 어둠이 있게 마련이다. 지난해는 국민을 많이 아프게 한, 사연 많은 해였다. 여전히 새해 들어서도 암울하기만 하다. 그 부정적인 일면으로 내세움에 손색이 없는 한국의 정치인들은 우리를 실망하게 하는 일들을 골라가며 하는 느낌이 다분하다. 국민을 분노케 했고, 우울하게 만들고 있다.

세계화 시대이니 한국에도 강림했을 야누스가 아직도 어둠의 문을 벗어나지 못하고 있는 걸까. 나랏일들이 빨리 우울증에서 벗어나 신뢰 가득 찬 미소로 바라볼 수 있게 되길 희망한다. 소나기 퍼부어 댄 후, 반짝 얼굴 내미는 태양처럼 환한 세상이 열리길 바란다.

나라가 어수선해도 주부 본연의 임무인 설맞이 준비를 하면서 아들놈에게 구정에 고향 내려올 준비 등, 소식을 물어본다. 올해는 신정이 일요일이고 구정도 공휴일이 끼어 있다며 새해맞이가 반갑지 않단다. “휴일 즐기는 맛이 낙인데.”라며 아쉬워한다. 근로자로 매인 몸이니 공휴일에 겹쳐버린 며칠 연휴가 오죽 아까울까.

더구나 요새는 어른들 모습이 한심해서 영 재미가 없단다. 덩달아 맞장구치다가 내 지청구에 내가 넘어간다. 식도를 타고 역류하는 음식처럼 작금의 세상사가 씁쓸해서 마음 아리지만 이를 어쩌랴. 엎질러진 물, 쓸어 담을 수는 없으니 국민을 오라지게 죄었던 진통이 샘물로 발원하여 도도히 흐르는 강에 닿기를 염원할 밖에. 아직은 음력으로 묵은해다. 다시금 맞이할 새해에는 야누스의 긍정적인 밝음만 함께하길 소망한다.

글쎄요

공원 한 바퀴 돌고 오는 게 하루의 시작이다. 동트기 전 어둑새벽이지만 부스스한 차림이라 모자는 필수다. 가로등 불빛이 대낮 같아도 마스크로 얼굴까지 가리면 서로 아는 듯 모르는 듯 지나치니 좋다.

도시 한가운데 조성된 이곳은 새벽잠이 없는 어르신들이 열에 여덟은 된다. 이 시간대에 종종 대면하는 아저씨가 있다. 칠십대로 보이지만 이곳 터줏대감으로 불린다. 들리는 말로는 홀로 근근부지벌이로 산다고 하는데 옷 갖춤새는 늘 깔끔하다. 그는 보건체조가 끝나면 구석구석 사람들을 찾아다니며 인사하고 안부를 묻는 게 아침 운동의 마무리인 듯하다.

내게도 말을 걸거나 갑자기 등 뒤에서 "어이!" 하면 깜짝 놀라기를 여러 번 했다. 운동에만 열중하고 싶은데 그이가 오나, 안 오나, 살피게도 된다. 올 기미가 보이면 다른 운동기구 쪽으로 슬쩍 피할 때도 있지만 훌라후프를 돌릴 때라든지 자갈길 걸을 때는 서로 대면할 수밖에 없는 근거리라 말을 받을 수밖에 없다.

아저씨가 내게 흔히 하는 말 중에 "운동을 열심히 하니 날로 건강해 뵙니다."라든가 "몸이 유연합니다." 등의 말을 건네오면 싫지는 않은데 말 받기가 괜스레 성가시다. 오늘 새벽에도 훌라후프를 돌리고 있는데 뜬금없이 "평상시 뭐하면서 지내세요?" 하지 않는가. 오롯이 내 한 몸만 위한 새벽시간인데 훼방꾼 같기도 하고 한편으로는 남의 취미 따위를 왜 묻는가 싶었다. 순간, 우쭐한 기분에 선을 가르려 작심하고 툭 내뱉듯이 한마디했다.

"글 써요."

"에구, 여사님! 지나가는 인사말인데 '글쎄요'라니, 참 냉정하시네. 몸이 약해 보여도 운동 열심히 하는 게 보기 좋아 힘내라고 늘 응원하는데…."

순간, 훌라후프가 균형을 잃고 요동쳤다. 얼굴 마스크 때문에 말이 잘못 전달된 게 다행이다 싶기도 하다. 내게 마뜩잖다고 허울 좋은 명분으로 따돌리고 싶었던 얄팍한 속내와 메마른 인간성이 부끄럽다. '치근거리지 마요. 이래봬도 난 작가라고요.'라며 고상한 척, 글 쓴다고 자처한 나, 남에게 내세울 만큼 문학적 소양이라도 갖춰 있기는 한가.

'글쎄올시다' 자책감에 얼굴 붉어진다.

꼰대

이건 아니다. 국어사전을 펼쳤다가 공연히 기분만 잡쳤다. 사전의 풀이를 올려 본다.

꼰대 ~【명사】〈비〉 ① 늙은이 ② 아버지 ③ 선생

일언지하 설명도 없이 번호 매기며 단어만 써놓았다. 어감 때문에 과민하게 와 닿는가 싶어 다시 들여다봤지만 영 거슬린다.

꼰대의 어원 또한 가관이다. 일본에서 들어온 말이라는 느낌이 들었는데 얼추 맞다. 프랑스어로 백작을 칭한다는 콩테가 일본식 발음으로 변형되어 '꼰대'란다. 메이지 유신 이후 일본은 백작, 공작 등에게 작위를 수여했다. 한일합병 이후 친일파들에게도 각종 작위를 주며 친일을 도모하려던 시기인 일제강점기 시절, 이완용을 비롯하여 일본과 친한 이들이 백작 작위를 수여받았다고 한다. 그 때, 그들이 꼰대 작위를 자랑하며 으스댄 데서 이 말이 전파됐다니 기가 차다. 하기야 백작 작위를 받은 친일파들이 꼴불견 행태를 '꼰대짓'이라 했으니 그 이상 어울릴 말은 없을 것 같긴 하다.

그런데 웬걸, 가타부타 해석도 없이 늙은이, 아버지, 선생을 빗대어서 꼰대라 사전에 버젓이 올렸는가. 칠십 고개가 눈앞인 나도 중늙은이 신세라 거북살스레 다가오는데 세 단어에 다 걸려든 남편은 어떤 반응을 보일까. 모진 놈 옆에 있다가 난데없이 뺨 맞는 격은 아니려나.

인생의 황금기를 교단에서 보내고 어느새 늙마의 벼랑에 서 버린 사람, 지금은 전직 선생 직함에 이어 삼 남매의 아버지이고 영락없는 늙은이이니 꼰대의 틀에 켜켜이 갇힌 꼴이 아닌가. 나서서 스승이노라 자처하진 않지만 몇 천 명의 제자가 있다는 자긍심을 삶의 심지로 삼고 있을 터인즉, 나들이 때, 제자를 만나면 옷깃 세우고 어깨 펴 인사에 답하는 모습은 드레져 보여 좋았는데….

께름칙한 낙인이 붙어버린 남편에게 넌지시 물어봤다.

"요사이 꼰대란 말이 티브이나 신문에 자주 등장하는데 이 말, 무슨 뜻인지 알아요?"

간단명료하게 대답한다.

"잘난 체 나서는 이들을 이르는 말 아닐까?"

어림치로 본인이 셋에 다 해당된다는 사실은 모르는 게 확실하다. 인생 황혼기에 고스톱의 '쓰리 고에 걸려 광박에 피박까지 업어 쓴 신세'라고 은근 약올려 보려다 되레 씁쓸해 버리는 건 나다.

꼰대, 이 말은 보통 사람들이 흔히 사용해도 될 가치가 있는 일반어와 생활어가 아니라고 본다. 설령 선생을 놀리려거나 나이 들어 노파심이 늘 수밖에 없는 어른이나 부모의 잔소리에 반발 심리를 가미해 은어로 쓰여도 사전에 명시할 단어라면 뜻풀이가 대중적인가를 살펴봐야 한다. 일반어로 쓰여도 효용성이 없거나 잠시 유행어 수준으로 지나가버릴 것은 옥석을 가려 서로 조심하며 밀어내야지 않을까.

한글은 낱말마다 다양성과 섬세함이 담겨 있다. 어른이란 단어도 일상적으로 늙은 사람을 지칭하지만 우리말의 뿌리를 추적해 보면, 단지 나이가 많거나 지위가 높은 사람이 아니라 사람으로서의 품격을 갖춘 사람이라는 뜻이다. 어른이라는 말에는 '얼이 있는 자'라는 뜻이 담겨 있기 때문이다. 애어른도 두 가지 뜻이 내포되어 있다. 하나는 추켜올리는 칭찬이며 다른 하나는 나무라는 질책의 의미로 상반된 뜻을 지닌다. 아이에게 애어른이라고 하는 경우는 행동이나 생각이 어른 못지않게 되바라지고 똑똑하다는 경우이고, 어린아이 같은 어른에게는 세상 물정에 어두워 생각이 어린아이처럼 단순하여 애어른이라며 통속적인 비유를 한다.

한글의 우수성과 위대함은 세계인이 인정하고 있다. 훈민정음이 유네스코 세계 기록 유산으로 등재된 만큼 이 훌륭한 한글이 지침인 국어사전에 수록되는 단어는 엄격한 사전심사가 필요하다고 본다. 국립국어원에서도 한글의 장점을 살려 일관성 있는 정책으로 국어의 발전과 국민의 언어생활 향상을 이끌어야 한다.

그러나 빠르게 변하는 현대 사회는 새로운 말들이 생겨나기도 하고 흔적 없이 소멸되기도 한다. 시대와 문화의 변화에 제일 민감한 게 언어이므로 사람들의 의식과 감정에 따라 언어는 실시간으로 변화할 수밖에 없을 것이다. 한 사람의 입에서 나온 생뚱한 말이 유행어로 번지면 불가항력적인 생명력을 지녀 요동치기도 한다. 나비의 날개에서 부는 미세한 바람이 폭풍을 몰고 온다는 나비효과처럼.

그러기에 아름다운 우리말이 오염되지 않도록 언어생활을 올바르게 지키며 가꾸는 것은 국민의 몫이다. 각종 비어, 속어 등과 같이 품위 없는 말이나 약어 등은 적당히 거리 두기 하는 방임도 대책이라고 본다. 서로 억제하고 견제하다 보면 제풀에 사그라지는 말들이 좀 많은가.

오랜 역사를 품고 있는 지역의 방언들은 거칠고 상스레 들리는 경우도 있지만 낱말 하나하나에는 정서적 의미를 품고 있는 귀한 말들이 많다. 그에 반해 유행어는 낱말 하나 때문에 세대 간 갈등을 불러일으킬 수 있고 사회적인 문제로 번질 수 있으므로 조심스럽게 다뤄야 한다.

꼰대란 낱말, 어엿이 사전에 등록됐지만 가까이하고 싶지 않다. 잘못 말했다가 상대의 마음을 거슬려 언짢은 관계를 만들기 딱 좋은 어감의 말이다. 내 남편도 이 말의 덫에 걸려들어 휘둘러 메치는 것 같아 괜히 얄망궂다.

바람의 집

바람이 보이는 곳 당케, 내 고향 포구다. 패각 모래로 이루어진 너른 백사장과 한 울타리에 있어서 '바람이 보이는 마을'이란 슬로건을 내걸 정도로 섬으로 오는 바람의 길목이다. 은빛 모래가 깔린 모래사장은 축구장 마흔 개만큼 드넓어 제주의 자랑거리로 손색이 없다.

사월 막바지, 봄나들이 나섰다가 들른 고향 포구에서 오십여 년 만에 초등 친구를 만났다. 숨비기 나무가 울타리를 에워쌌던 흔적은 사라졌지만 지금도 그곳, 포구 근처에 살고 있다고 한다. 늙수그레해 버린 모습이 처연하다. 모래톱에 새긴 물결 무늬처럼 얼굴이 주름으로 뒤덮였다. 어떻게 지내냐는 인사에 "해마다 모래 두어 말

씩은 꼭꼭 먹으니 뼈는 건강하다."고 너스레를 떤다. 웃자는 소리인 줄은 알지만 바람이 몰아치면 당케는 하얀 사포 쓴 영혼들이 나대는 것처럼 일상이 혼란스러워 버리는 것을 난들 모를까. 거침없이 바다를 내달려온 바람이 제 모습을 하얀 모래에 씌워 한바탕 휘젓고 다니면, 온 동네가 눈이라도 내린 듯 모래가 뽀얗게 내려앉는데 입엔들 안 들어가겠는가. 젊은 시절 뭍으로도 나갔었지만 배를 바다에 띄우는 업으로 사는 친구에게 '바람이 보이는 마을'이란 표어는 허울 좋은 하늘타리에 지나지 않으리.

후텁지근한 바람이 포구 가를 감돈다. 보리가 여물어가는 이때가 자리돔이 맛있는 제철인데, 어부들은 울상이다. 계절은 가득 들어찼는데 도통 잡히질 않는단다. 바다 흉년에 진이 빠져버렸는지 바삭 말라버린 갯냄새가 뱃전마다 바스라기로 내려앉아 있다.

모처럼 고향에 왔는데 자리물회로 유명한 당케 식당을 그냥 지나칠 수 없어 입맛 다시며 들어섰건만 허리 사이즈 넉넉한 이국 여인이 주방을 장악하고 있다. 먹기 전부터 입맛을 떨어뜨린다. 친정어머니의 자리물회 맛이 그리운 날이다. 오후의 봄 햇살은 따스한데 왠지 마음은 헛헛하다.

오후의 포구에는 휘적거리는 바람이 땟국 전 선창가 비린내를 헤집어 놓는다. 기우는 해조차 하루가 지루한지 흐릿한 물그림자 길게 늘어뜨렸다. 빛 좋은 개살구인가. 남풍 불면 봄처녀 제 오신다지만 포구에 부는 마파람은 축축한 그리움만 게워 놓는다.

당케 포구에서 저무는 해를 보며 강요배 화가의 〈마파람〉을 떠올린다. 그림 속, 배경과 바람의 색깔에서 사월이라 지레짐작하게 했다. 검은 밭담이 가림막이지만 척박한 화산토에 막 뿌리내린 수숫대를 몹쓸 바람이 휘돌아 쳐대는 어스름 저녁, 노을은 곱게 물들어 화려한데 그림을 보고 있으면 암울하고 슬픈 이유는 뭘까. 돌무덤에 꽂힌 솟대도 희원의 상실이 무력소치인 양, 상념에 겨워 기우듬하다. 추적추적한 바다의 기운을 몰고 와 사람을 맥빠지게 하는 바람, 마파람.

아는 만큼 보인다고 했다. 마파람 부는 고향 포구에 서니 내 유년이 보인다. 부모님 살아온 내력이 '마파람' 화폭에 고스란히 담겼다. 무척 그립건만 모지락스럽게 견딘 삶들을 떠올리니 침울하다. 누렇게 뜬 노을도 구황을 바라며 절박하게 시위한다. 먹장구름이 눅눅한 습기를 마파람에 싣고 와 마을을 덮친다. 이 바람의 해악이 오죽 심하면 '첩바람'이라 했을까. 까맣고 날카로운 현무암도 후려쳐 주눅 들게 하고 겨우내 허기져 나약해 버린 육신을 노곤하게 하는 바람, 주위를 온통 흉흉하게 하는 마파람이 화폭 가득 분다.

70여 년 전, 고향에도 광풍이 몰아쳤다. 무고하게 총살당한 수백의 민간인이 흘린 피로 하얀 모래가 붉게 물든 곳이 이 포구를 낀 모래벌판이었다. 수많은 시신은 짜디짠 바닷물과 모래가 뒤범벅된 채 파묻혀 있어서 신원 확인에 애를 먹었다고 들었다. 세월 지나니 천지개벽인가. 젊은 장정들이 총살당했던 백사장 주변은 참혹했던 현장 같지 않게 언제 그랬냐는 듯 화색이 만연하다. 굴지의 기업체가 운영하는 대형 리조트와 관광 민속마을이 들어서 있어 밤낮 화려함의 극치다. 무자비한 바람이 휘몰아친 지난날의 징표인 표지석은 내몰림당한 서자처럼 한구석에 얼굴 비죽이 내밀려 있건만 눈여겨보는 이 없다.

강요배 화가의 걸작 중 〈팽나무와 까마귀〉도 바람이 주인공이다. 제주의 모진 해풍을 화폭 넘치게 쏟아 놓고 잠시 쉬게 한다. 그러나 팽나무에 바람은 쉬고 있는 게 아니라 밑둥치부터 가지 끝까지 꽁꽁 묶여 있다. 오도 가도 못하게 수형受刑시킬 수밖에 없었던 화가의 아린 속내를 바람의 자손들은 알까. 제주인들의 처절한 삶을 묘사했을지도 모를 팽나무의 또 다른 수형樹形을 보고 있노라면 설한풍이 자욱포수처럼 삽시에 몰아닥칠까 숨죽이지 않을 수 없다. 설산의 냉기가 들판을 덮친다. 고요한데 황망하다. 웅크린 까마귀 한 마리 정물인 듯 바람 앞에 망연하다.

또 한 그림 〈겁간〉, 눈길 닿는 순간 가슴을 옥죄게 한다. 태풍 전야의 적막이 소스라치게 무섭다는 걸 알게 한. 〈겁간〉의 바람은 고요해서 처절하다. 고개 갸웃거릴 힘조차 없는지 공기조차 맥없이 땅에 주저앉아 버렸다. 극악무도한 이의 겁탈에 망가진 여심을 감싼 바람은 소녀처럼 몰아쉰 숨을 뱉지 못한다. 내동댕이쳐서 깨어진 물허벅 속, 가녀린 바람만이 숨죽여 울고 있다. 나무 한 그루, 흉악한 이가 사라져 간 곳을 가리키며 온몸 떨며 울부짖게 하는 강화백, 붓은 명암으로만 들추었을 뿐인데 딸을 둔 아빠의 심정인가. 소녀의 허벅지 위로 말린 치마를 쓸어내리려 애쓴 흔적에 가슴이 아리다.

녹실한 붓을 통해 바람이 하고 싶은 이야기를 그림으로 어찌 다 새기는가. 온갖 바람을 불러 모아 뭇 생명을 위로하고 달래며 상생의 나래를 펼치는가 하면 세상을 향해 포효하는 화가 강요배를 찬양한다.

또 한 사람 걸출한 폭풍의 화가 변시지를 떠올린다. 제주 태생인 그가 정의한 제주의 색깔은 초지일관 황톳빛이다. 화가는 그 색 속에 슬픔과 환희를 담아 궁굴리며 울고 웃는다. 하늘, 바다, 허공을 아울러 누런 황톳빛에 내맡긴 채 온통 흔들리게 하는 바람, 이를 운명이라 여기는가. 바람과 함께 고뇌하고 환호한다.

제주가 낳은 그들은 사람들의 심금을 울리는 작품이 태어나는 집을 제주의 바람으로 지은 게 분명하다. 훌렁훌렁 바람으로 지었으되 예술로 뼈대를 세웠으니 영원히 허물어지지 않을 집이리라.

나도 '바람이 보이는 마을' 태생이 아닌가. 바람이 건네주고 보여주는 세상사를 눈과 귀에 담으리. 그리하여 성심으로 내 안의 울띠를 엮으리. 바람 따라 바람의 집으로 가는 날까지.

말잇기

올해 설은 가족과 며칠 같이하니 명절 기분이 났다. 일주일 앞당겨 손자손녀와 함께 온 며느리와 설 연휴를 느긋하게 보냈다. 포근한 날씨 덕에 산과 들로 다니며 제주의 겨울 정취도 즐겼다. 집에서는 손자와 끝말 이어가기 놀이도 했다. 말놀이 중, 꽁지따기 놀이를 할 때는 손자를 거들어 주던 며느리가 합세하여 고부간 말재치 시합으로 변해 열을 올리기도 했다.

꽁지말잇기 놀이는 내 순서에 즉각 이어받아 넘겨야 한다. 꽁지말에 집중 안 하면 지는 거다. −지구는 둥글다. 둥근 건 공. 공은 튄다. 튀는 건 김정은. 김정은은 돼지. 돼지는 햄프셔가 아니고 트럼프−. 돼지란 단어로 이어가는데 순간, 티브이에서 북한 김정은 얼굴과 미국 트럼프 대통령 얼굴이 비춰서 웃을 거리를 만들었다.

두 정상이 연일 화젯거리이다 보니 채널마다 뜨겁다. 그만큼 며칠 후에 베트남에서 열릴 북미회담 논점 예견이 세계적 이슈다. 국내외 정세가 어수선하고 국가 간 오가는 대화가 아슬아슬하다. 말을 이어가는 모양새가 난기류를 타서 험난하다. 아무려면 태풍이 몰아쳐도 우리는 우리끼리 손잡아 뭉쳐야 하지 않을까.

어느 문화인류학자에 따르면 사물과 사물 또는 현상과 현상이 서로 이어지거나 관계를 맺지 않으면 한 점에 지나지 않는 그 점은 아무 의미가 없다고 한다. 잇대어 그림을 완성하는 것, 그것이 중요하다고 한다. 선택과 올바른 연결이 문제의 핵심이며 해결이라 했다.

낱낱이 점이 모여 관련을 맺지 못하면 아무 의미가 없는 한 점으로 머물러 버리는 것과 같이 민족끼리의 통일 염원도, 서로의 공조가 중요하다. 그것이 문제의 핵심이며 해결의 실마리일 테다. 정의롭고 옳은 점點들만 모아서 평화의 큰 획이 그어졌으면 소망한다. 남북 간 문제도 절대적 원칙은 대화일 수밖에 없다. 가장 좋은 방법은 대화다.

작년 4월, 문재인 대통령과 북한 김정은 국무위원장의 상봉은 대박을 터트릴 기세였고 금방 다가올 것 같은 통일 기대로 남북이 흥분했다. 그러나 올해 설 연휴가 끝날 즈음 북미 간 오가는 대화는 빅딜이니 스몰딜이니 하면서 비핵화와 체제보장의 선후를 놓고 입장 차이만 난무하다.

우리 민족 정체성의 의미와 민족 통합 문제가 고래 싸움에 터져 버린 새우등 신세로 전락될까 무섭다. 서로 대화에 열중인 것 같지만 한 치도 양보 없는 이념 간의 대립은 손바닥으로 가리고 콩 주겠다, 팥 주겠다 하는 행세다. 이번 '베트남 2차 핵 담판'에서 어떠한 장면이 연출될지 꽁지를 물고 이어갈 말잇기가 폭탄으로 번질까 두렵다.

호박

칠월, 태양의 열기가 폭발적이다. 화단 한 귀퉁이에 뿌리내린 호박넝쿨이 신바람 나게 뻗는다. 하루에 줄기 20센티씩은 너끈히 끌어올리는 것 같다. 신기한 것은 넝쿨 끝 생장점이다. 온 힘을 다해 질주하는 경주마처럼 넝쿨 끝을 앞으로 힘차게 꺾고서 돌진하는 자세다.

넝쿨을 지탱해 줄 덩굴손은 좀 민첩한가. 덩굴손에 눈이 달린 것 같다. 접촉에 민감하기도 하거니와 주위에 감을 거리를 어떻게 감지하는지 스리슬쩍 다가가 살짝 스치기만 해도 순간에 물체에 감겨든다. 여건을 극복하며 생육을 위해 치닫는 본능에 소스라친다. 여린 싹이 대지를 뚫고 나와 자라는 과정이 눈물겹고 고귀하게 보인다.

작년 봄에도 호박 모종 몇 그루를 묵정밭에 심어 놓고 여름내 타국에 머물렀었다. 10월이 돼서야 고향에 내려와 밭에 가봤다. 무정한 주인이 이제야 나타났냐고 눈 흘길 줄 알았는데, 인심 후한 시골집 아낙네같이 너부데데한 엉덩짝을 바닥에 깔고 둥그런 배를 내밀며 몸피 자랑을 해댔다. 호박 넝쿨들도 밭 울담을 넘어 남의 밭까지 새파랗게 세력을 넓히고 있었다.

서늘해버린 날씨라 열매를 키우기에는 힘든 시기인데도 내게 끝까지 자랑하고 싶었나 보다. 치렁치렁 엉킨 시퍼런 넝쿨들 사이마다 둥그런 호박 덩이를 매달고 있는가 하면 샛노란 호박꽃을 피워대고 있었다. 오랜만에 만난 고향 식구들의 풍요롭고 화목한 모습처럼 반갑고 기특했다.

호박 농사가 이렇게 쉬울 줄이야. 씨앗 몇 알을 묵정밭 가장자리에 심은 것뿐인데 삼십여 덩이를 수확했다. 누렇게 익어 탐스러운 호박을 따는 즐거움은 컸다. “호박이 넝쿨째 굴러온다.”란 말을 실감했다. 복덩이같이 어여뻐서 투박하고 무거웠지만 사래 긴 밭을 오가며 운반하는 데 힘든 줄도 몰랐다. 양파자루 몇 개에 선물용으로도 챙겼다. 주위에서 얻어먹기만 했는데 나눠주는 기분 좋음을 만끽했다.

맷돌같이 무겁고 옹골지게 늙은 호박 몇 덩이를 창고에 보관했다. 그런데 겨울 지나 날씨가 풀리기 시작할 즈음에 호박 한 덩이가 썩어 들어갔다. 올봄에 어쩔 수 없이 통째로 화단에 파묻었는데 이

십여 일이 지나자 새싹이 수없이 올라오는 게 아닌가. 매일 한 움큼씩 뽑아내었다. 그중, 딱 한 뿌리를 남겼는데 요사이 호박 넝쿨 자람이 상상을 초월한다. 뽑혀 나간 동료들의 삶까지 대신해 주려 함인지 자라는 게 보통 줄기차지 않다.

모난 곳 없는 호박 덩이처럼 잎도 무던하다. 삭막한 이층, 시멘트 바닥 위도 마다않고 푸름을 선사한다. 좁은 화단이라 한 뿌리밖에 못 키우지만 눈요기가 쏠쏠하다. 이래저래 얻는 게 많다. 올해, 호박 농사도 이만하면 성공이다.

2 부

떨켜

갈무리 후, 떨구어 자리매김한 곳이 스멀스멀 근질거린다.
격려와 성원의 답지로 내 마음 자락도 발그레 물이 든다.
헤어짐의 자리도 이 정도면 섭섭지 않다.

떨켜

"후련하지?"

"아니. 많이 아쉬워."

"왜? 올해 바라던 일을 이루었잖아. 가을을 물들이고 싶다고 내내 매달리더니. 아직도 여름을 욕심내고 있는 거야?"

"……."

그랬다. 가을이 오기를 학수고대했다. 밀쳐대고 당기는 가을의 끝자락, 계절 탓인가. 풀려 버린 사랑같이 맹하면서도 싸하다. 누가 먼저 결별을 선언할까 그러고 있다. 추적거리는 비에 떨어진 낙엽처럼 발밑에서 그저 서성거린다.

나의 가을을 물들이기 위해 구석구석 살피고 갈무리한 시간들은 벌써 아득하다. 혹여 낮은 자리 빗물 스밀까 돋아 올리고 다듬으며 숱하게 밤샘한 날들을 떠올려 본다. 잎과 꽃도 때 맞춰 피어야 하고, 단풍도 원 없이 곱게 물들 때 낙엽으로 생을 마쳐야 아름다운 것.

문득 루브라참나무를 떠올린다. 가을도 한창 깊은 11월 말이었지. 대마도 에보시타게 전망대에서 바라본, 리아스식 해안을 낀 산등성이 풍경은 장관이었다. 단풍을 한가득 매단 채 겨울에 접어든 나무가 신통방통했다. 나중에 안 사실이지만 떨켜 층을 만들지 못하는 품종의 나무였다. 황금빛 풍광이 눈 홀리게 하는 구경거리였지만 삭풍을 온몸으로 받으며 한겨울을 나야 하는 단풍은 생을 끝냈으니 훌훌 지는 낙엽이고 싶지 않을까. 나무도 잎을 떨어뜨리는 아픔이야 있겠지만 밑거름 되어 다음 해에 더 무성한 잎과 열매를 맺는 진리를 앎임에랴.

수필 한 편을 어렵사리 써놓으면 갓 태어나 한 울음 질러대는 내 아기 같다. 예뻐서 들여다보고 또 들여다본다, 귀염 받으라고 모나지 않게 가다듬으며 파일이란 강보에 소중하게 뉘어 보살핀다. 그렇게 여러 해를 내 품안에만 간직해 두면 시집 못 보내는 노처녀로 늙히는 것 같아 노심초사하게 된다.

새로운 터전으로 나아가라고 낱알들 모아들여 수필 밭을 갈무리했다. 내 아이들과 형제자매들, 손잡고 같이 가자며 서로 부추겨 주는 문우님들, 내 이름을 기억해서 작품집을 보내 준 선생님들과 벗들의 이름을 떠올린다. 내 생활 반경 안, 소중한 이들은 나의 가을 편지를 받아 들면 반가워할까. 아니면 짐이 될까.

우편번호 자릿수대로 방안 가득 늘어놓으니 의기양양 활개 치는 애들에게 제 길 찾아가라고 등 떠밀며 격려의 말 한마디 건넨다.

"너희들 중, 단 몇이라도 누군가의 책상머리에서 눈웃음이라도 받으면 우리 모두가 행복한 거야. 행운을 빌게."

훌훌 털고 나니 허무가 밀려왔다. 수확의 계절이지만 쇠락이라는 이중적인 계절이라 더 앓는가. 긴장이 풀려 버린 몸은 원인 모를 두통과 함께 어깻죽지까지 시렸다. 오지 않을 이를 막연히 기다리는 이 심사는 도대체 뭔가. 나도 모를 엇박자다. 몇 잎 초췌한 낙엽들이 어스름 골목길을 배회한다. 내 서늘한 마음같이.

더디게 흐르는 날들을 견디지 못해 길을 나섰다. 하늘이 유달리 높은 날, 11월 마지막 하루와 동행해서 번영로 등뼈 곧은길을 달렸다. 한길가, 억새들은 하늬바람이 몸살 나게 뒤척여대도 아직은 백발 청춘으로 굳건히 버텨 있어 반갑다.

달산봉 서쪽 능선, 해바라기하는 낮은 봉분들 오종종하게 누워있는 데를 돌아 시골길로 들어섰다. 현무암 돌담이 정겨운 시골 밭엔 푸성귀들이 몸 부풀리느라 한창 싱그럽다. 저 정도면 한겨울 내내 국거리며 나물 반찬으로 밥상머리에 끊이질 않겠다. 역시 바지런한 아낙네 손길이 곳곳에 배어 있는 텃밭이라 기우는 계절은 찾아볼

수 없다.

야트막한 울담 밖에 두 손 높이 쳐든, 빈 가지 서걱대는 감나무에 홍시 서너 개 매달려 있다. 갈바람이 쪼그라진 홍시 뺨을 약올리듯 댕댕 울리며 아슬아슬한 풍악을 즐긴다. 단풍잎들도 이별을 앞두었건만 울긋불긋 단장한 얼굴로 대낮이라 더 환한 불꽃축제에 몸 흔들어대며 아주 신명이 났다. 계절의 흐름 앞에 본디 습성대로 순응하는 생물들을 자연은 어여삐 감싸 안는다.

지고 나면 금세 잊히리. 낙엽이 되어 떨어져 나간 가지. 시리지만 새싹 틔울 봄날이 있어 다가올 겨울이 두렵지 않은 나목이기를 희망해 본다. 가지를 떠난 잎들은 구르다가 나무 밑이나 풀뿌리 곁에 누워 오롯이 삭아갈 것이다. 서로 이부자리가 되어 편안한 안식의 잠자리를 준비하고 있다. 제 몸 버리며 떠나지 않고는 변신이 불가능하다는 걸 자연에서 또 한 수 배운다.

〈가을 물들다〉 갈무리 후, 떨구어 자리매김한 곳이 스멀스멀 근질거린다. 격려와 성원의 답지로 내 마음 자락도 발그레 물이 든다.

헤어짐의 자리도 이 정도면 섭섭지 않다.

돌의 눈물

구멍 숭숭 현무암이 운다. 한겨울 서릿바람에 투항하며 엉엉 운다. 예나 지금이나 듬직한 울타리 자태는 여전한데….

어릴 적, 숨바꼭질놀이를 할 때면 집 모서리에 숨은 나를 숭숭 뚫린 구멍마다 햇살 미어지게 쏟아내어 들키게 해 버리곤 깔깔거리던 현무암 돌담. 그 안에는 윗집 할아버지네 식구 여섯과 우리 칠 남매, 그리고 두 집에서 키우는 온갖 가축 오십여 두가 울타리가 미어질 정도로 바글거리며 살았지.

십여 일 전이다. 일곱 남매 중 그나마 그 고향집을 지키던 여섯째 남동생의 갑작스레 세상을 등지고 말았다. 고향집에 남은 식구는 캄보디아 출신 스물여덟 살 아내 솔리다와 다섯 살 난 아들만 있다.

이십 대에 미망인 꼬리표가 붙어 버린 또 한 인생을 어찌할까. 이억 만리에서 큰 인연으로 우리에게 온 올케 솔리다, 캄보디아를 오가며 서로 2년을 매달리더니 같이 산 세월은 고작 5년이다.

현무암 돌담 구멍 같은 올케의 커다란 눈에서 떨어지는 눈물이 애달프다. "매정하고 나쁜 사람이라고 독하게 마음먹으며 굳세게 살아야 해."라고 말하다가 "불쌍한 내 동생아!" 하고 불러보면 눈앞이 흐려와 가마득하다.

잡힌 암꿩처럼 바들거리는 올케와 밤낮 아빠를 찾는 다섯 살배기 조카, 한겨울 된서리 맞은 저 연약한 모자가 뿌리내릴 터앝머리를 어떻게 보듬어줘야 할까. 솜씨 좋은 동생의 손길이 담긴 정원 한쪽 흔들의자도 타고 밀어주는 이 없어 저 혼자 고독하다.

5년 전, 공항에서 처음 본 올케를 떠올려 본다. 구월 초라 후텁지근한데 나이와 계절에 맞지 않은 꺼무죽죽한 점퍼를 걸친 모습은 정녕 낯선 이방인일 수밖에 없었다. 얼굴도 까무잡잡했다. 유독 눈동자는 서글서글하고 반짝여서 현무암 돌담 사이로 내비치는 가을 햇살 같아서 기뻤다. 솜털 보송보송한 어린 신부였지만 제주에 터를 잡은 까치처럼 당돌해 봬서 적이 안심되기도 했다.

일 년 후, 아들을 낳았고 아가와 같이 올케도 알록달록한 옷으로 치레를 하니 예뻤다. 더욱이 까만 태를 벗어 반지르르한 얼굴로 까르르 웃을 때는 온 집안에 웃음이 가득 찼다. 그러나 남동생은 제 버릇 개 못 준다고 중독성으로 술병을 끝내 손에서 떼지 못하고 제

무덤을 파고들었다. 언제부턴가 올케의 눈가가 어두워지기 시작했고 옷차림이 거무칙칙하게 변해 갔다.

오 년 전, 수필 한 편 쓰며 간절히 희망했는데….

"스펑나무 숲에 살았던 솔리다가 타프롬 사원을 에워싸 안은 나무처럼 탄탄하게 가족으로 뿌리내리고 있다. 앙코르와트 고대 건축물을 거대한 뿌리로 장악해 버린 스펑나무를 보며 경악했는데, 솔리다가 제발 그 스펑나무를 닮았으면 좋겠다."라고.

면암, 유배길에서

연미마을로 들어섰다. 솔 향 머금은 솔바람이 맞아주는 곳, 면암 유배 길목에 자리한 항쟁의 현장이다. 유서 깊은 망곡 터이건만 자욱한 춘풍에 얼굴 내민 새싹들 몽글거림이 어여쁘다. 석비를 감싸 안은 햇살만 심산한가. 지난날의 치욕을 맴~맴, 아지랑이로 매암 돌리고 있다.

올해는 항일 독립운동 100주년을 맞는 해이다. 역사란 현재를 통해서 과거를 바라보라고 했다. 현재의 눈으로 문제를 비춰 봐야 과거가 투시된다는 뜻일 게다. 일제 식민지 시절, 암울했던 대한제국을 그려 본다. 지금도 일본은 우리와 어떤 관계에 있는가. 가깝고도 먼 나라로 언제까지 가야 하는 걸까. 많은 세월이 흐른 것 같지만 과거, 크나큰 해코지로 인해 사람은 물론 산천초목조차 멍든 자국이 아직도 깊다. 다가설 마음이 썩 내키지 않는다.

1904년, 우월한 군사력과 경제력으로 무장한 일본은 제국주의 대국가 건설의 야욕으로 불탔다. 대한제국은 그들의 손아귀에 넣어 주물러 대며 먹고 싶은 떡이었다. 동화에나 나옴직한 우화인, 떡 빼앗아 먹기였다. 둥글둥글한 보름달을 만들어 주겠다고 하다가 별을 만들어 주겠다며 뻰드레한 수작으로 야금야금 먹을 작전을 짠 것이다.

일명 일본의 보호를 받아야 한다는 내용의 '한일의정서'를 강제로 체결하며 조선 왕조를 능멸해 버린다. 연이어 을사늑약과 한일합병 조약 체결로 오백 년 조선 왕조의 근간을 송두리째 뽑아 버렸다. 이로써 한국 황제는 일체의 통치권을 일본 천황에게 완전히 양도하기에 이르렀다.

당시를 살았던 관료 중에는 이완용처럼 영악한 처세술로 나라마저 팔아먹은 반역자가 있는 반면, 목숨을 내놓고 나라를 지키고자 한 의인도 많았다. 그중, 최익현 선생은 "국권 없이는 모든 것을 다 잃는다."며 조선말 기울어 가는 왕조를 위해 의병을 일으켜 항일 투쟁에 나선 의로운 인물이다.

조선 말기의 역사적 격변에 앞장서 부딪쳤던 지식인이자 조선 선비의 마지막 자존심인 면암 선생은 지부상소를 올릴 만큼 결기가 높았다. 흥선 대원군의 하명을 비판하는 상소문을 받아들이지 않겠다면 머리를 쳐 달라고 도끼를 지니고 상소문을 올렸다는 일화가 유명하다. 위기 때마다 행동에 나섰던 그에게는 유배와 구금의 시련이 계속되었다.

그 사건으로 인하여 제주에서 유배 중, 제주 사람들에게 구국의 정신을 심어 주었다. 문연서당에서 면암의 가르침을 받던 제주의 젊은 유림 12인이 1904년 한일의정서를 강제 체결한 일본에 분노해 의병활동을 결의하고 집의계를 결성한 것이 본보기이다. 이들은 이듬해 11월 일본이 대한제국의 외교권을 빼앗으려고 을사늑약을 체결하자 조설대朝雪臺에 모여 집의계 선서문을 낭독하며 항거 의지를 다졌다.

선서문은 반만년 역사를 지닌 이 땅의 백성으로서 완전한 조선의 독립을 위해 수구파와 개화파 양당의 분쟁, 정치를 그르치는 간신 모리배, 왜구의 침입을 의거로써 항거하고 왜놈을 단칼에 처단할 것을 선서한다는 내용이다

고립된 섬 제주건만 일제에 강력히 항거할 수 있었던 힘을 모은 것은, 면암의 거룩한 정신인 구국 의지를 이어받았던 것이라 믿는다. 항일 독립운동 일백 주년을 맞고 보니 일본에 맞서 싸웠던 면암 최익현 선생이 고귀한 인품이 돋보인다.

몇 년 전, 대마도를 여행했을 때다. 힘없는 조선 왕조에 의해 빼앗겨 버린 통한의 땅인 대마도는 날씨가 화창하면 남해안 일대가 한눈에 들어왔다. 부산과 40여 킬로밖에 떨어져 있지 않아 일본보

다 한반도에 더 가까운 섬이다. 일본 방송은 한 곳밖에 안 나오지만 한국 방송은 여러 채널이 잡히는 곳이기도 하다. 여기, 조그만 절인 수선사 뜰에 안치한 면암을 비석으로 뵈었다. 석비가 쓸쓸하게 다가왔다.

을사늑약이 체결되자 고령에도 불구하고 의병을 모아 항전에 나선 면암 선생은. 다음 해, 일제에 의해 체포되어 대마도로 압송되었고 그곳에서 단식까지 하며 항거한다. 1907년 그가 순국했을 때 장례도 이 절에서 모셨다. 타국의 섬에서 일생을 달리한 외로운 넋에게 잠깐이나마 묵념으로 예를 올렸다. 우리 역사의 아픔을 보여주는 비 앞에 언제, 누가 헌화했는지 시들어 버린 꽃이 고개를 떨어뜨린 모습이 지금도 눈에 선하다.

그나마 위안이 되는 것은 제주에 최익현 선생의 초상화가 국립제주박물관 소장본(보물 제1510호)으로 귀히 보관되어 있다는 사실이다. 면암의 업적은 역사적 자료로 중요한 가치를 지닌다. 그러기에 그분의 초상화가 보물인 건 당연하다.

제주인들의 항일구국의 역사적 징표인 조설대를 다시금 들여다봤다. 솔밭 가운데 있는 누르스름한 바위 머리에 음각한 조설대는 그때의 풍파를 대변하다 힘 빠져 버렸는가. 세월에 닳고닳은 모습이 희미하다 못해 쇠잔하다. 다만 뜻을 기리고자 찾은 발길에게 솔바람은 지난날의 역사를 되뇌어 주려 애쓴다. 집의계 취지문도 그때의 젊은 유림 12인의 결기와 기상을 오롯이 보여 주고 있다.

역사는 현재와 과거의 끊임없는 대화다. 백 년 전, 격변기나 지금이나 국제관계는 냉혹하다. 면암 유배길 곳곳에 새긴 통한의 과거사가 현실을 직시하라 이르며 따끔하게 일침 놓는다.

말모이

가끔은 낱말 하나를 입 안에 놓고 며칠을 굴리며 다닐 때가 있다. 이 말도 그랬다. 말모이, 이 단어 안에는 목숨까지 바치며 혼신으로 노력했던 선인들의 나라사랑 하는 마음이 태산처럼 드높게 쌓여 있다. 어려운 시대를 넘어 끝내 민족의 혼을 지키고 우리말의 소중함을 일깨운 숭고한 발자취에 탄복한다. 뜻풀이로 조선말 사전이라 이른다. 말을 모은다는 의미로 해석하니 말맛이 풍요롭다.

사람은, 단 일이 분이라도 공기가 없는 곳에 갇히면 생명이 위험하다. 이렇듯 세상천지에 가득 찬 공기의 고마움을 느끼지 못하듯이 늘 쓰고, 말하고, 읽는 우리의 한글도 매양 고귀함을 잊으며 산다.

일제강점기, 일본은 식민정책의 일환인 민족혼 말살 시도로 우리 글과 말을 쓰거나 말하지 못하게 했다. 조선말을 없앰으로써 민족의 얼을 말살시키려는 음모와 책략을 꾀한 거다. 내선일체라는 미명 하에 일본어로 창씨개명을 강요하기에 이른다.

우리의 언어가 억압받던 시대인 1911년, 조선어학회에서는 주시경, 김두봉, 이규영, 권덕규, 최현배 등, 33인이 조선말 사전 편찬에 돌입한다. 나라가 절체절명의 순간이었던 40여 년 가까이를 대한의 말과 얼을 지키려 애쓰신 분들이다.

'말은 민족의 정신이요 글은 민족의 생명이다. 말과 글은 민족의 정신을 담는 그릇이다.' 주시경 선생이 하신 말씀이다. 한글을 보전하려 한 선인들의 노고를 우리는 가슴 깊이 새겨 기억해야 하리.

민족의 토대가 되는 말과 글의 소중함은 그 어떤 것과도 비교될 수 없다. 한 민족의 삶과 문화, 정신의 나무를 가꾸고 키우는 것이 바로 민족의 말이며 글이다. 그러기에 혼연일체로 뜻을 모은 조선어학회 33인은 우리말을 모으고 또 모으는 일에 전념했다. 그들은 일본의 거대한 힘에 저항하기 위해 군대를 모집하지 않고 말을 정성으로 거두어 간수했던 것이다. "싸움의 기본은 힘이거늘, 우리는 힘이 없다. 힘이 없으니 싸움을 할 수가 없다. 다만 민족의 정신인 말을 모을 뿐이다."라 외치면서….

그들이 백여 년 전에 시작한 말모이 작업은 지금도 현재 진행형이다. 모 신문사에서 2020년인 내년에 〈말모이 100년, 다시 쓰는 우리말 사전〉이란 주제로 운동을 새로이 펼치고 있다. 우리말 모으기 작업현장에 온 국민의 성원과 참여가 뜨겁다.

말모이 운동본부는 현시대에 맞게 표준대사전에 오르지 않은 순우리말, 정겨운 방언, 젊은층의 신조어는 물론 북한말까지 합류시켜 한반도 전체의 말을 아우른다고 한다. 말모이가 먼저 말을 합쳐 통일을 이룩하려 함이 가상스럽다.

국권을 강탈당한 시절, 바람 앞의 등불처럼 애처롭게 흔들리던 우리의 글, '말모이'를 나직이 읊조려 본다. 민족의 혼을 저장했던 보고이기에 귀하고도 정겹다. 그리고 빛이 난다.

불청객은 아니련만

한 시간도 안됐는데 십여 마리가 사라져 버렸다. 반찬감으로 널어 놓은 것이 순식간에 없어졌다. 새벽 어시장 걸음까지 하여 장만한 기름기 자르르한 참조기, 참말로 아깝다.

까악 깍! 울음소리에 고개 들어 보니 길 건너 전봇대에서 네댓 마리가 서로 쳐다보며 부산을 떤다. 한 놈은 물었던 조기를 땅에 떨어트린다. 승용차 지붕에도 한 마리 떨어져 있다. 맛난 먹잇감을 장만하는데 훼방꾼인 내가 나타나 화난 건지, 놓친 게 아까워서인지, 악세게 깍깍거린다. 우리 집에서 직선 10미터도 안 된 거리니 나르는데 그리 많은 시간이 안 걸렸을 게다.

두어 달 전, 한나절 만에 감쪽같이 사라진 고등어 세 마리 사건도 이놈들 짓이었네. 먹음직하게 살 오른 고등어가 씨알까지 굵어 네 토막으로 잘랐으니 여러 끼니를 반찬 걱정 안 했을 텐데 까치들 소행임이 분명해졌다. 지금 눈앞에서 하는 짓거리를 목격했으니 여지가 없다. 고양이 짓인 줄 알았는데, 요놈들이 그 묵직한 자반을 물어 갔을 거라는 걸 생각이나 했나. 그때를 떠올리니 더 얄밉다. 기까지 차다. 일단은 거기까지 운반해 놓고 안전한 보금자리로 다시 옮겼나 보다. 전선이 얽히고설켜 있는 전봇대를 중간 기착지로 활용한 지혜라니….

까치는 새 중에서도 머리가 특출해서 거울에 제 모습 비춰도 알아본다 했다. 유아 정도 지능이라니 영악한 새임이 분명하다. 예로부터 설화와 세시풍속에 등장하여 우리에게 친숙한 새이기도 하다. 아침에 집 마당가에서 울면 반가운 소식이 있을 거라며 길조로 여기지 않았나. 신화에도 칠월 칠석 날, 은하에 다리를 놓아 견우와 직녀가 일 년에 단 한 번 만나는 길을 만든 새가 까마귀와 까치였다.

1960년대에는 나라를 상징하는 새 뽑기 공개 응모에서 압도적인 표를 얻어 '나라 새'로 뽑혔는데 너무 구박지르는 것 같긴 하다. 그렇게 우리 민족은 까치를 추켜세우며 아낌없이 사랑을 준 새이지만 제주도에는 30년 전 모 항공사가 한 신문사 창간 기념의 일환으로 오십여 마리를 방사하기 전에는 까치가 살지 않는 섬이었다.

지금 와서 보면 까치를 제주로 입성시킨 내력이 허술하기 짝이 없다. 이삼십 년 앞도 보지 못한 생태계의 혼란상을 누가 누구에게 탓하고 나무랄까. 당시 도내 조류 전문가들도 제주로 까치를 들여오는 것을 찬성했고, 산림청이나 제주도 역시 후원했다고 한다. 지금은 삼천 배 가까이 불어나 섬 속의 섬인 마라도까지 가리지 않고 영역을 넓히고 있다. 고유종인 텃새들을 멸종시킬 위기에 놓였다고 생태학자들이 우려하는 지경에 이르렀다. 이대로 가면 표독하고 시커먼 까치가 날짐승의 우두머리로 군림하는 섬이 될까 무섭다. 30년 전, 새끼 많이 낳아 달라는 말씀까지 곁들이며 정성으로 날리던 영상 기록물이 있어 지금, 저 새들이 사기충천한가 싶기도 하다.

언제부턴가 모르게 제주로 이민 온 까치가 공격적인 텃새로 변신했다. 덩치가 월등히 큰 까마귀도 까치의 공격에 쩔쩔매는 풍경도 종종 목격된다. 심지어 공원 등에서 사람들 음식을 빼앗아 먹으려고 협공으로 달려들어 애어른 없이 놀라기도 한다. 제주에 정착한 지 삼십 년밖에 안 됐건만 적응력이 강해서 토박이 새인 까마귀를 먼 산으로 쫓아내 터를 넓히고 있다 하니 뭐라 더 말하리.

시골에서도 어엿하게 텃새로 자리 잡은 것까지는 봐줄 만한데 작물에 피해가 적잖아서 문제다. 도시에서는 전신주에 새끼를 치면서 정전의 원인을 제공하는 골치 아픈 새로 낙인찍혀 버렸다. 어찌 보면 그곳에 둥지를 치는 것은 까치 잘못만이 아닌 성싶기도 하다. 까치만 나무랄 게 아니라 우리 탓도 있긴 하다. 까치도 썰렁하고 삭막한 전신주에 집을 짓고 싶겠나. 원인은 도심에 키 큰 나무들이 사라져 가는 게 문제다. 겨울철에 육지 여행을 하다 보면 미루나무 등키 높이를 자랑하는 교목 꼭대기엔 어김없이 까치집이 보인다. 까치들은 원래 튼튼하고 높다란 나무에 둥지를 짓는데, 요즘 도시에는 그런 나무들이 적다보니 전신주 같은 구조물에 둥지를 지을 수밖에 없지 않겠는가.

어릴 때 즐겨 부르던 노랫말처럼 명절이나 좋은 일이 있을 때만 나타나 깍깍거리며 흥을 북돋아 주면 좀 좋을까. 섬이건 농촌의 하우스 안이건 닥치는 대로 범접하며 사람들에게 해를 입히는 게 문제다. 또한 제주도가 그들에게는 지내기에 좀 좋은 환경인가. 한겨울 동장군이 내리쳐도 먹을거리가 지천인 곳이 아닌가. 사시절 꽃피고 열매 맺어 먹을 것, 마실 것이 흔전하니 배곯을 일 없겠다, 저들을 해칠 만한 적도 없으니 온 섬을 내 집인 양 활개 칠 수밖에. 서울에 사는 까치는 녹지 부족에서 오는 먹이의 고갈로 영양실조에 걸린 것들이 대부분이라지만 제주의 까치는 사계절 내내 입맛대로 먹을거리가 풍부하고 잠자리가 따뜻하니 오동통한 몸매를 자랑하며 먹고 놀다 보면 할 일이 뭐 있겠나. 알 낳고 새끼 키우는 재미에 빠질 수밖엔.

따지고 보면 제주의 까치는 불청객이나 군손님은 아니다. 그런 무례를 범하며 제주에 오진 않았다. 날개 길이가 짧아서 육지에서 제주까지 날아올 수 없음이 이를 증명해 준다. 그래도 지금의 행태로 보면 군손님에 더해 불청객인 게 확실하다. 본토박이도 아니면서 떼로 활개 쳐대니, 눈살 찌푸려서 더 해코지하는지도 모를 일이다. 이쯤 되면 까치와 대화로 풀 방법을 찾는 길밖에 없겠다.

"까치야, 제주에 고이 모셔다 놓고 군손님이니 불청객이니 하며 궁지에 몰아넣는 건 미안타만, 부탁인데 일 년에 알 한 개만 낳으면 안 될까. 사람들은 평생에 한 자녀 낳기도 벅차다는 세상인데 니들만 눈치 없이 기하급수적으로 식구 불리면 공생해야 할 세상에서 불공평하잖아. 우리와 상생하려면 예도는 지켜야지. 그렇지는 못할망정 사람들 먹을거리를 훔친다든지 애써 키워놓은 과일을 쪼아대서 미움 사는 일은 제발 말아다오. 대한민국 '나라 새' 체통 좀 지켜다오."

사월 지나 오월에

오월이다. 올해는 이 계절을 맞는 느낌이 별나게 산뜻하다. 뭐랄까. 홀가분함 같은 거다. 미뤄놨던 빨랫감을 콸콸 흐르는 용천수에서 빨랫방망이로 탕탕 두드려 바싹 말린 후, 옷 속에 스민 햇빛 냄새를 맡는 기분이랄까. 아니면 늘 쓰라렸던 오목가슴 체증기가 사라져 버려서 시원한 기분인 것 같기도 하다. 가정의 달에 걸맞게 훈훈한 계절이라서인가. 마음은 모란 작약 만개하여 풍요롭고, 찔레와 아까시 꽃향기 풍겨와 들썽거리게 한다.

지난 4월은 제주의 땅덩이가 희망으로 들떴다. 제주인들은 4월이 오면 움트게 하고 살려서 꽃 피워 열매 맺혀야 한다는 걸 잊은 적이 없다. 4월엔 서럽고 서러워 잊지 못하는 그 모진 기억 깨우기에 연연하며 서글픈 욕망에 흐느꼈다.

올해, 드디어 잘려나간 그루터기에 눈물겨운 진실의 싹을 움 틔웠다. 막혔던 숨골이 터졌다. 동백꽃이 울면서 웃었다. 제주사람들도 동백꽃 단 가슴 쓸어내리며 울며 웃고 있다.

어느 시인은 시 〈황무지〉에서 "4월은 가장 잔인한 달, 죽은 땅에서 라일락을 피워 내고 기억과 욕망을 뒤섞어 봄비로 잠든 뿌리를 깨운다."라고 읊었다. 70년 전, 가장 잔인한 달에 무참히 당한 제주사람들의 오늘을 생각하게 하는 시다.

역사의 단절이란 있을 수 없다. 과거에서 끝나지 않으니 현재에 이어져 미래로 나아간다. 왜곡된 역사는 바로 잡아 진실한 길로 흐르게 해야 한다. "역사란 과거와 현재와의 끊임 없는 대화"이기에.

삼 년 전이다. 제주에 범람한 소나무 재선충은 우리 밭에도 어김없이 침범했다. 인부들이 병든 소나무를 자르기 위해 주위에 잡목을 무더기로 파헤쳐 한곳으로 밀어내며 길을 냈다. 내가 아끼던 동백나무도 휩쓸려 묻혀 버렸다. 서운해서 밭에 갈 때마다 그 자리로 눈길을 주곤 했는데 작년에 뭉텅이로 쌓여 고사된 나무 무더기 사이를 뚫고 고개를 내민 동백나무 생가지를 발견했다. 꽃봉오리까지 몇 알 대롱 매달았다. 나무는 분질러져 있었지만 용케도 한 가닥 이어진 명줄이 있어 허리 꺾여 엎디어 있는 나무를 뿌리가 되살리고 있었다.

살아있음에 반가워 용하다고 쓰다듬었다. 암흑 속에서 버텨 줬지만 엎딘 채로 자라게 내버려둘 수는 없는 노릇이다. 모질게 부러진 줄기를 자르며 새 가지들이 돋아 오르기를 간절히 염원했다. 또 한 번 아픔을 주었지만 줄기 곧게 돋아 올라 거목으로 자라기를 희망하며.

오월, 동백나무 그루터기에 새 생명이 깃들었다. 솟는 줄기가 힘차다. 바싹 마른 그루터기에 싹이 트는 게 경이롭다. 고난을 겪은 후 솟구치는 생명이라 귀하고 어여쁘다.

뿌리가 참았던 눈물을 마구 내뿜나 보다. 새싹에 기쁨의 눈물 흥건하여 오월 햇살에 반들거린다.

설국에 가다

눈, 눈, 온통 설원이다. '설국'을 테마로 잡고 나선 여행에 이보다 더한 선물이 어디 있으랴.

소설의 진원지를 보기 전까지는 이미지로만 그려봤는데, 실상에는 허울이 없다. 일본 최초 노벨 문학상은 에치고 유자와가 존재했기에 빛을 본 게 당연한 듯싶다. 설국의 분위기가 와 닿지 않으면 펼쳐 보려던 책은 무용지물이다.

사이타마현에 있는 에도시대의 성城을 구경할 때만 해도 봄날처럼 따스했는데, 잠깐 사이에 펼쳐진 눈세상이라니. 10킬로 가까운 터널을 빠져나오는 순간 변해 버린 바깥세상을 내다보며 우린 소리, 소리 질러댔다. 근엄하게 앉아 별말 없던 옆 좌석의 M 선생님이 십 대 소년으로 돌변해서 팔짝거리는 모습도 재미있었다. 나도 그 선생님보다 더했으면 더했지, 덜하지는 않았으리라.

하얀 파우더인 듯, 솜사탕인 듯, 하늘과 대지를 장악해 버린 설경을 눈으로만 스쳐 지나기에는 들뜬 감정을 달랠 수 없음을 기사가 알아차렸을까. 어렵사리 길 한쪽에 주차시켜 준 덕택에 일행은 버스에서 내려 눈 속에 파묻혔다. 소설 속 풍경을 직접 만지고 밟으며 순백의 천지 품에 안겨 마냥 행복했고 강아지처럼 내달리고도 싶었다. 영하의 날씨인데도 포근하게 다가온 문학의 힘.

"국경의 긴 터널을 빠져나오자 눈의 고장이 펼쳐졌다. 밤의 밑바닥이 하얗게 변했다."

소설 속, 첫 문장이 저물어 가는 들녘에 가득 들어차 눈부시게 빛났다.

니가타현에 속해 있는 이곳은 바다의 다습한 공기가 산악에 부딪쳐 상승하면서 많은 눈이 내린다고 한다. 북서계절풍이 높은 산맥을 넘지 못해 이 지역에 쏟아 놓는다. 어찌됐건 우리를 맞기 위해 내리는 폭설이라고 아우성쳤고 많이 쌓여 있어서 좋았다.

다카한 여관에 도착했다. 가와바타 야스나리가 묵으면서 집필한 여관이다. 로비에 들어서자 참나무 연기의 매운맛인 듯 정겨운 냄새가 풍겨 온다. 옛 향수를 생각하게 하는 냄새의 정체가 궁금해서 두리번거리다가 드디어 로비 한 귀퉁이에서 찾았다. 둥그런 화로 속, 참숯이 발그레 달아오른 얼굴로 나를 반긴다.

어린 시절, 어머니는 아궁이에서 숯 잉걸을 부등가리로 담고 와서 화로에 부어놓고 재로 꼭꼭 눌러 놓곤 했다. 불씨는 있는 듯 없는 듯 온종일 화로 안에 머물러 주었고 마루 문 사이로 쏟아지던 찬 기운이나 문풍지 사이에서 떨던 외풍도 방안의 따스한 기운에 가뭇없이 사라졌다. 한겨울이면 화롯가 옆이 놀이터였던 시절이 떠오른다. 여행 중이라 들뜬 기분까지 보태져서 주위가 온통 따습다.

여행은 가민 간듸 모심*으로 즐기라고 했다. 뭉근하면서도 끈기 있는 화롯불처럼 인내의 정치인으로 알려진 도크가와이에야스의 "울지 않는 두견새는 울 때까지 기다려라."는 인간 경영에 대한 이야기도 가이드의 박식한 입담 덕에 여행의 격을 높여 준다. 우리에겐 가깝지만 먼 나라인 일본이지만 외할머니가 사셨던 곳이라서인가, 이곳을 여행하면서 실망했던 적은 별로 없다.

이번 여행도 대만족이다. 설국의 본거지답게 폭설에 묻힌 광대한 풍경을 사방으로 들여놓고 옛정 묻어나는 화롯불 온기 훈훈한 이곳에 난, 함북 빠져들어 버렸다. 더구나 고품격 문학의 모태를 생생히 간직한 곳에 문우들끼리 왔으니 여기서 더 뭣을 바랄까. 애칭이 다마고 노 유(卵の湯)라고 불릴 만큼 매끄러운 온천물에 아침저녁 들락거려서 몸도 가뿐하다. 밤 이슥한 시간, 온천에 몸을 담그고 밖을 내다보니 우리의 여행을 축복하는 듯 함박눈은 쉬지 않고 내린다. 아마 밤을 새워 내릴 모양이다. 이 밤 내리는 눈을 벗하며 온밤을 지새우고 싶지만 내일 일정을 생각하지 않을 수 없다.

작가의 혼이 정좌해 있을 것 같은 다카한 2층에는 당시 《설국》을 집필했던 방이 그대로 보존돼 있다. 다다미 8장이 깔린 소박한 공간이다. 《설국》에 관련된 자료와 사진을 전시해 놓았다. 미닫이문 색깔이 변색되어 많은 사람들이 거쳐 간 흔적이 역력한데 들어갈 수는 없었다.

소설 속, 주인공이 묵었던 방에는 시마무라와 고마코가 다정히 손잡고 눈웃음이 오가지만 정물로 보일뿐, 외로이 창가에 기댄 요코의 눈에는 애절함이 너울진다. 그 너머 창문을 통해 보이는 고즈넉한 마을과 키 큰 나무들은 눈의 무게를 견디며 풍경으로 나앉아 있다. 방안과 창문 너머 보이는 설경에서 소설의 줄거리가 거지반 보인다.

여관 속에 작은 문학관이 있는 여관 2층 휴게실에서 70여 년 전 제작한 영화를 보았다. 영상의 시작은 남주인공인 시마무라가 온천 여행지로 겨울여행 겸, 일거리를 갖고 기차를 탄다. 거기서 유리창에 비친 요코의 옆모습과 서글픈 눈을 뇌리에 들여놓아 버린다. 하지만 작가는 남자 주인공과 두 여인 사이를 오가는 이성애를 마음으로만 넘나들게 할 뿐, 특별한 반전이나 줄거리를 애매하게 흐려놓았다.

기생 고마코와 사마무라와의 만남은 매번 허무했다. 결말은 더 허무하다. 화재로 불타오르는 2층 주택에서 요코는 불기둥에 휩싸여 불꽃처럼 떨어져 버리고 눈 덮인 골짜기로 멀어져 가는 고마코의 뒷모습은 꺼져가는 촛불처럼 종말을 예고한다. 남녀 간 맺지 못한 사랑은 덧없고 《설국》의 배경인 지금 이곳은 한없이 절절하다. 소설 속 본래 모습을 아낌없이 내보이는 자연의 경이감 때문일까.

곳곳에 진동하는 문학의 향기로 가슴이 울렁거린다. 문학은 글말에 새로운 이미지를 새기는 일이다. 이미지를 문장이란 틀에 넣어주면 저들끼리 어깨를 겯고 자연과 어우르며 웃고 울게 하는 글, 그런 문학을 나는 갈망한다.

문학으로 번성하는, 문학이 자산인 에치고 유자와, 이곳이 부럽다. 문학을 통하여 관광산업의 지평을 굳건히 지킨 이 마을 사람들은 그 힘이 도시를 껴안을 수 있도록 많은 노력을 하고 있을 터다.

한겨울, 설국에 관광객이 붐빈다. 나도 어울려 문학을 논하고 노래하며 여행을 만끽했다. 문학은 무용하므로 유용한 게 맞긴 맞다.

*'가민 간듸 모심으로~ 가면 간 데 마음으로. (제주어)

순비기 열매를 따며

조천 해안가, 비좁은 길로 들어섰다. 한 사람 지나기도 빠듯하건만 18코스 올레길 안내 리본은 청미래덩굴에 앉아 여유작작하다. 추석 지나 기제사 두 번 치르고 나니 벌써 10월 초다. 어느새 가을이 진득이 들어차 버려 서둘러 길을 나섰다. 조천은 제주시내에서 차로 십여 분 거리라 도시에 가깝지만 비교적 자연이 그대로 보존되어 있는 마을이다. 해안 길이 아기자기하여 문학 동인끼리 워크숍을 몇 번 치른 펜션이 길 위쪽 들머리에서 변함없이 바다를 품안에 품고 있다. 차도가 바로 바닷가에 접해 있어서 자전거 라이딩할 때도 바닷길을 달리는 느낌에 저절로 환호성이 터졌던 익숙한 곳이다.

수평선으로 눈을 돌리니 빗질하듯 내리쬐는 햇살이 은실로 수를 놓았나, 은색 너울거리는 바다가 마름새 푼푼히 잡은 명주 자락처럼 풍요롭다. 스무나흘 조금 때라 해안 길까지 물이 더러 들어온 곳이 있어 발길에 질척이지만 바다는 내게 품 벌려 어서 오라 한다.

주위를 둘러보았다. 현무암 거친 바위틈에 목숨줄 이어 놓고 해안으로 뻗어내린 순비기가 사방에 지천이다. 바닷가 척박한 땅에 뿌리를 내려 마치 제주의 초가지붕 띠줄처럼 서로 엉키고 엉켜 바닷바람에 대항했던 자국들을 자랑하듯 펼쳐 들고 억척스럽게 자라고 있다.

이곳에 오면 순비기 열매를 따지 않겠나 싶어 만반의 준비를 하고 왔는데 생각이 들어맞았다. 이 열매를 넣어 식구들 베개를 만들 참이다. 콩알 같은 알갱이가 가볍고 단단하여 베갯속으로 안성맞춤이다. 머리를 맑게 한다 하여 예전부터 애용하고 있는 터다.

까만 쥐눈이콩 닮은 열매들이 조랑조랑 달려 있다. 익을 대로 익어 바람만 스치면 떨어질 듯 가까스로 매달려 있다. 손을 대니 가지에서 또르르 떨어진다. 손안에 들어야 내 것이고 바닥으로 떨어지면 보이지도 않는다. 갖고 간 자루가 가득 찼지만 코르크처럼 가벼운 열매라 가뿐하다. 자루 가까이 얼굴을 댔더니 향내가 한여름 소낙비처럼 쏴아 쏟아진다.

순비기나무는 눈여겨보지 않으면 한갓 볼품없어 보이지만 제주 해녀에게는 만병통치약으로 귀히 여겨 왔다. 바다에서 혹독한 물질을 해야 하는 그들에게 여러모로 고마운 덩굴나무다. 어머니 사랑 같이 한량없이 베푼다. 한방에서도 이 열매를 만형자라고 하여 발열과 오한이 따르는 감기와 두통, 안질과 귓병에 약효가 있다 하니 해녀들이 곁에 두고 아낄 만하다.

해녀들이 바다에서 물멀미를 이겨내는 귀마개용으로도 이보다 좋은 게 없다. 꽃이 피기 전에는 이파리를, 꽃이 피었을 때는 꽃을 따서 귀를 막았다. 잎으로 물안경을 닦으면 안경에 수증기가 차지 않아 물속을 샅샅이 보이게 하는 등 두루두루 유용하다. 물질을 끝내고 머리가 어질어질할 때도 열매로 만든 베개를 베고 쉬면 지친 몸과 마음까지도 쓰다듬어 준다.

순비기는 해녀가 자맥질한다는 뜻의 제주도 방언이다. 순비기 어원의 앞뒤가 그럴듯하다. 해녀가 숨을 비워서 물속으로 들어가는 동작인 숨비기처럼 모래 속으로 뻗어 들어가는 나무라 하여 그리 불리게 되었는지도 모른다.

제주도 남쪽 해안 마을에서 나고 자라 해녀로 사신 어머니는 바다에 가면 돈을 만질 수 있다면서 물때만 맞으면 바다로 달려갔다. 그러나 내가 갯고랑에서 *볼락 물질하는 걸 보는 날이면 "느랑 물질 허멍 힘들게 살지 말앙, 뭍에 나강 살라."라는 말을 되뇌시곤 했다. 딸에게는 각박한 해녀의 삶을 물려주고 싶지 않았음이리.

초여름부터 꽃 피우는 순비기 덩굴이 아직도 꽃을 매달고 바닷물 들락거리는 모래톱으로 걸음발 하려 한다. 갯가 물결에 닿을 듯 말

듯하여 쳐다보는 내가 조바심이 인다. 짜디짠 바다에 잠기는 건 죽음인데 왜 바다로 내달리려고만 할까. "제발 바다로 가지 말아요." 순비기 덩굴 끝에 달린 꽃이 보랏빛 손 모아 기도하는 듯 애잔하다.

사십여 년 전, 친정어머니가 나의 첫딸이 산후조리를 할 때 넋두리처럼 하시던 말이 떠오른다. 언니를 낳고 며칠 안 되어 바다에 들었는데 숨비질(자맥질)을 하려 해도 몸이 물 위로 치솟기만 하더란다. 물속 바위에는 소라도 보이고 성게도 다닥다닥 붙어 있어 마음 같아서는 휘휘 채어 올리고 싶었지만 거기에 닿기 전에 몸이 붕 떠버려 애를 먹었단다. 왜 어머니 몸은 물위로 뜨려고만 했을까. 철없던 나는 어머니가 아기를 낳아 몸이 가벼워지니 그랬나 싶었다. 국밥을 깨작거리는 내게 소담하게 폭폭 떠먹으라며 하소연인 듯했던 말이다.

아기 낳고서 산모 미역국은 고사하고 보리밥도 제대로 챙겨 먹지 못할 만큼 어머니의 첫 살림살이는 고달팠다고 했다. 겨우 보릿겨에 톳을 섞은 죽으로 배고픔을 달래 놓으면 뒤돌아서서 먹고 싶고, 아기는 젖꼭지에 매달려 떨어지려 않고….

성기고 거친 먹을거리를 받은 내장은 화가 났는지 대변은 시도 때도 없이 비릿비릿 삐쳐 나오며 배앓이를 했다며 어머니는 우셨다. 그러니 물살 거친 제주 바다에서 힘에 겨워 자맥질인들 되었겠는가. 홀쭉한 배는 등에 닿았을 테고 텅 빈 태왁 망사리 들고 서럽게 갯바위를 기어올랐을 스무 살 적 어머니, 어언간 7남매 고이 키워 놓고 팔십 한 많은 생애에 먼길 떠나신 지 다섯 손가락이 접힌다.

밀물 찾아드는 물고랑에 새까만 순비기 열매들이 동동 떠 있다. 어머니 숨비소리가 사리로 변해 까맣게 맺혔나.

*볼락 물질 – 아이가 숨비질하며 할딱거리는 모습으로 서툰 물질을 이름.

순천만의 가을

갈대들이 탈탈 흩뿌려 버렸나. 종일 들이켠 햇살이 목울대까지 차올랐었나 보다. 기우는 해도 붉디붉은 열정을 마지막까지 결코 꺾지 않겠단다.

순천만 늪지에 맞닿은 저녁노을이 고흐의 자화상 배경처럼 눈부시다. 어둠에게 야금야금 먹히면서도 움켜잡고 놓지 않을 태세다. 자신의 귀가 예술적으로 방해된다고 잘라버린 고흐의 혼처럼 눈물겹게 찬란하다.

한낮 더위에 어질병 도져 어정이던 마파람이 곧추세운 갈대 줄기에 헤픈 입맞춤을 한다. 막 피어난 갈대의 연보랏빛 꽃대도 삼단 같은 갈래 머리를 나긋이 풀어헤쳤지만 강단이 서려 있다. 억센 갈바람에도 결코 몸을 굽히지 않는 그 어미에 그 딸이다.

늪지의 두루미 한 쌍이 풍경으로 다가온다. 흰 두루미는 우아하게 긴 목 뽑아 객들을 반기는데, 흑두루미 요놈은 짱둥어 사냥하느라 손님맞이는 안중에도 없다. 집게발 벌건 참게들도 만조 때 걸려든 잉어로 동네잔치 한창이다. 길손인 나도 끼어들고 싶지만 잠깐 스쳐 가는 나그네일 뿐, 눈요기에 만족하며 발길 돌린다.

오가는 길손들이 올망졸망 둘러앉은 주막은 입맛 배리지 않는 곳. 마당가 평상에 한 자리 비집어 앉아 막걸리 한 사발과 빈대떡을 청했다. 마지막 더위를 찢어발기려는 듯 우는 매미도 좀처럼 목소리 낮출 것 같지 않아 주막집이 더 시끌벅적하다. 땟국 전 접시에 내온 빈대떡이 납작이 전이다. 그래도 타박할 마음이 생기지 않는 건, 더위 먹은 주모가 허둥댄 공이리.

마당가 수수깡 울타리엔 무진 여행하던 호박 덩굴이 축 늘어졌다. 낮은 포복하며 바닥을 장악한 덩굴도 엉덩판 큰 제 새끼를 베개 삼아 누워버렸다. 옥수숫대도 푸른 목청 뽑아 들이대던 시절은 간 곳 없고 늦둥이 서느라 진 빠졌는지 잎사귀들이 기진맥진하다. 다만 총각딱지 못 땐 꼬리 끝 새빨간 고추잠자리만 옥수숫대 넘나들며 제짝 찾아 부산 떤다.

순천만의 8월은 쇳물 녹이는 용광로처럼 기세등등하지만, 늪지 너머엔 이미 가을이 똬리를 틀었다.

씀씀이

"여편네는 낱돈의 가치를 귀히 여겨야 살림 모양새가 잡히느니." 인이 박일 정도로 듣던 소리다. 한라산이 돈이라도 보태지 않고 쓰기만 하면 봄눈 녹듯 사라진다며 푼돈이라도 저축하도록 다그쳤던 우리 어머니.

어머니는 가난한 집안의 맏며느리로 시동생 셋에 막내 고모와 일곱 자식 합쳐 혼인잔치를 무려 열한 번 치르셨다. 온갖 대소사에는 넉넉하게 이웃과 나누며 손을 펴는 걸 아끼지 않으셨던 분이다. 큰일을 치르신 후 기진맥진하여 힘에 부쳐하시던 모습이 세월 흘렀지만 선연하다. 부지런 부자는 하늘도 못 막는다고, 근검절약이 몸에 밴 분들이셨기에 그 와중에도 부모님은 밭뙈기를 사들이며 재산을 불렀다. 두 분 다 세상을 떠나신 지 많은 세월이 흘렀다. 저나라에서도 몽글려 닳아버린 그 손으로 일만 하실까, 터무니없는 헛걱정도 걱정이라 우울하다.

키운 후, 시집보내야 할 딸만 넷을 내리 낳아서 더 그랬는가. 어머니의 경제관념은 혹독하리만치 빈틈이 없었다. 그 덕분인지 우리 네 자매는 처녀 적부터 너나없이 쥐꼬리만 한 월급에도 근근이 모은 돈으로 부모님께 큰 폐를 끼치지 않고서 고만고만하게 자립할 수 있었다.

씀씀이는 환경의 영향을 받기도 하겠지만, 마음가짐이 더 문제일 것 같다. 요사이, 전에 없이 나도는 말 중에 금수저니 흙수저니 하며 태생의 귀천을 가름하는 말들을 한다. 사실 어떤 수저를 물고 태어났건 부모와 환경의 몫이지 자녀들 것이 아니지 않은가. 이 수저 논쟁은 상층 부모에겐 갈등의 골을, 하층 부모에겐 한계선 자각의 아픈 골을 만들지 않나 싶다. 물질만능시대의 부조리한 현실이다.

돈이나 물건 등을 함부로 대한다 하여 물같이 흥청망청 쓴다는 말이 있다. 원유값이 물값보다 싸다는 사우디 태생의 한 왕자를 '돈을 물처럼' 마구 쓴 금수저의 표본으로 거론하고 싶다. 그는 얼마 전, 매 80마리를 사막 지대에서 사냥 훈련을 시키려고 매의 여권까지 발급받고 비행기표를 샀단다. 자신이 기르는 매와 같이 여객기 이코노미석 80자리를 사서 좌석마다 매를 앉히고 여행했다. 그 왕자, 보통사람들은 상상할 수조차 없는 두둑한 배포로 취미활동을 한다고 할 수 있겠다.

상상을 초월하는 씀씀이에 놀라울 따름이다. 인생의 거반을 넘긴 나도 침이 꼴깍 넘어갈 만큼 그의 통 큰 씀씀이가 부럽다. 부모와 환경 덕에 누리는 금수저 인생이 선망의 대상이 아닐 수 없겠다.

인간은 만물의 영장으로 군림하고 있지만 마땅하고 마땅하지 않음을 가리는 선은 지켜야 사람 축에 드는 게 아닐까. 욕망이라는 활화산이 있기에 욕구를 충족시키기 위해 진화에 진화를 거듭했고 인간의 현재 삶은 풍요롭다. 여건이 된다고 마음 가는 대로 다 채우면 손가락질 받을 일이 부지기수일 게 뻔하다. 맹자는 사단四端 중 옳고 그름을 아는 시비지심是非之心이야말로 지혜의 극치라 했다. 사우디 왕자같이 돈이 넘쳐나는 부류도 사회적 동물이기에 제 이성의 지시를 따라야 사람값을 하게 될 터이다.

또 한 사람을 들여다본다. 사우디 왕자와는 씀씀이가 극과 극을 달리고 있다. 워런 버핏이다. 매년 어마어마한 금액을 기부하고 있는 기부 왕이지만 사무실에서 5분 거리인 맥도널드에서 자주 아침을 해결하는 것으로 알려져 있다. 50년 넘은 습관이라 한다. 아침은 삼천 원짜리 햄버거로 간단히 해결한다는 그는 알다시피 세계 최고 갑부이다. 모든 일상사에 검소함이 몸에 배었다고 하지만 특별히 기분 좋은 날엔 베이컨이나 치즈를 추가하는 사치를 즐긴다는 대목에는 아이 같은 순수함이 어른거려 미소가 머물게 한다.

워런 버핏과 25년 우정을 쌓아온 빌 게이츠는 햄버거로 하는 식사 자리에서 버핏이 맥도널드 할인 쿠폰을 썼던 것을 기억한다고 했다. 변함없는 성실성과 돈을 가치 있게 쓰는 법을 가르쳐 준 버핏을 인생의 선배로 추켜세운 빌 게이츠의 글을 본 적이 있다. 재산의 99%를 사회에 환원하겠다고 약속한 버핏이 오늘은 씀씀이를 늘려 햄버거에 치즈를 듬뿍 넣었으면 한다.

"세 살 버릇 여든까지 간다."는 속담을 되새겨본다. 나도 남편으로부터 "너무 아끼지 말고 이젠 좀 넉넉히 삽시다."며 핀잔 아닌 핀잔을 곧잘 듣는다. 아닌 게 아니라 요즘 젊은 세대들이 자유분방하게 소비하고 즐기는 걸 보면 누리지 못하는 나 자신이 지질하긴 하다. 그러나 어쩌랴. 형편껏 꾸리다 보니 몸에 밴 검소를 쓸어안고 여기까지 와버렸는걸. 그러나 굳건한 마음자리 하나, 내 자식들에게 본보기로 남았으면 하는 일상은 여전히 현재 진행형이다. 내 애들이 살면서 떳떳하게 기둥 삼을 씨앗과 그 뿌리 잘 내릴 토양을 보듬어 가꾸다가 올곧게 바통을 넘겨주고 싶다.

사람의 욕망은 끝이 없다는 그 '끝'은 원래 무한하다는 게 맞긴 하다. 그러니 모든 것에 만족하며 사는 생은 그 끝이 없는 게 맞는 말이다. 나의 처지도 늘 기운 쪽인, 흙수저라 세상 밥이 팍팍하다고 불만을 품었다. 사실 이 수저, 저 수저 해봐도 갈등만 생길 뿐, 얻는 게 없잖은가. 내처 가야 할 길이니 현실을 직시하며 사는 게 최선이 아닐까.

보이지는 않지만 DNA처럼 끈질긴 흔적으로 따라붙는 어머니의 가르침을 우리 아이들에게 도돌이표로 건네 줄 수 있었으면, 미미한 울림으로라도 전해졌으면 좋겠다.

“애들아, 수저 논쟁에 끼어들어 엄마 우울하게 하지 말아다오. 그저 혼수로 사 준 스텐 수저로나마 삼시三時, 명심해서 챙겨다오.”

3 부

미녕 치마

육십 년 가까이나 해묵은 창고에서 꺼냈지만 바로 눈앞에서 오락가락 하며 바스락장난치는 미녕 치마, 어머니가 손수 지어 주셨기에 이리도 반가운 걸. 일곱 살 아이에겐 버거운 무늬였지만 그리움 속, 천사의 날개인 걸.

미녕 치마

노랑옷을 입은 어린아이가 병아리처럼 귀엽다. 등굣길에 손잡고 걸어가는 모녀 뒤를 햇살이 촐랑거리며 따라간다.

3월은 마음을 움직이게 하는 달이란다. 체로키족의 달 풀이가 무릎을 치게 한다. 볕이 들고나는 눈길마다 삼라만상이 꿈틀거린다. 그 기운 때문인가. 체증 걸린 것처럼 묵직하게 가슴에만 맴돌던 마음눈이 얼음 풀린 골짝 샘물을 졸졸 따라나선다.

내 기억의 또렷한 시작점인 55년 전, 초등학교 입학하던 날 입었던 미녕 치마가 선연하다. 소중히 간직한 사진을 들여다본다. 어린아이가 입기에는 어울리지 않게 칙칙하고 무겁게 보이지만 그땐, 풀먹인 새 옷이라 걸을 때 바스락거리는 게 마냥 좋았다. 잔설이 가시면 치마를 입고 싶어서 꺼냈다 들였다 법석을 떨곤 했지.

저고리 왼쪽 앞섶에 손수건을 매단 모습도 보면 볼수록 아수룩하고 우습다. 흑백사진이니 뺨이 오동통하여 오목조목하긴 하나 동그라미 얼굴이 몽골 아이 같다. 길게 다리 아래를 덮은 치마와 귀가 훤히 드러나는 짧은 단발이 지금 봐도 눈에 거슬린다. 내가 아닌 손주였다면 귀엽다는 생각이 들었을까. 그러나 새 치마를 지어 입히고 가제 손수건을 단정하게 포개서 왼쪽 가슴에 달아주시던 어머니 모습이 손에 잡힐 듯 어른거려 기분은 두둥실 좋다. 기실, 손수건을 가슴에 매단 건 코흘리개의 표상이었건만 입학 축하 꽃다발을 받은 양, 우쭐했었지.

얼마나 오랫동안 내 곁에 머물러 주었으면 그 문양이 잊히질 않을까. 그 옛날, 어머니 안목이 높으셨다고 해야 하나. 의류라면 내로라하는 버버리 회사에서 상표 등록한 것과 비스름한 무늬의 미녕천은 갈색 바탕에 노르스름한 줄이 새겨진 체크무늬 치마였다. 언니 치마와 어린 동생 포대기, 이부자리 홑청도 똑같은 천이었다. 내 치마도 물론 그 문양이다. 1960년대 초반, 물자가 귀했으니 몇 필을 어렵사리 떠다 여러모로 이용한 건 어머니의 알뜰함의 표본이리.

한갓 피륙이 어머니 손에서 갖가지로의 변신은 무죄다. 밤에는 나와 언니 치마로 벽에 걸려 있었고, 낮에는 시렁 위에 이부자리로 얌전히 있다가 밤이면 우리들의 몸을 감싸 주는데도 불구하고 혹독한 시련을 당하곤 했다. 네 자매가 한 이불에 잤으니 어련했겠나. 누군가의 다리가 제 놓일 자리에서 바깥으로 밀려나면 죄 없는 이부자리가 순식간에 발길질에 차여 전쟁터의 희생물이 됐다. 구겨졌다 펴지는가 하면 낙하산처럼 공중에서 투하되는 곡예도 겪었으나 십여 년 동안을 우리들 곁에 버텨 주었다. 이불이 나이 지긋하다는 징표는 가로 세로 일렬 종횡인 선 사이에 돌랑밭처럼 덧대어 꿰맨 조각들이 말해 주었다.

아기 포대기로 쓰인 천은 보드라운 아기와 매일 같이해서 마냥 행복했을까. 그도 아닐 것이라는 건 내가 잘 안다. 기저귀 감이 허술한 시절이었으니 아기가 자나깨나 실례해 대는 바람에 곤혹이 말이 아니었을 거다. 애기업개인 내가 등허리를 타고 바지 아래로 뜨듯 미지근한 소변 세례를 받았던 적이 그 얼마인데….

어둡고 가난의 때가 덕지덕지한 그 시절도 추억으로 포장되니 배시시 웃음으로 스며든다. 화살처럼 빠르게 흘러 가버린 사간들이다. 아름답고 달콤했던 날들은 어렵고 서러운 추억의 그림자에 가려 잘 안 보이는 게 인지상정이라던가.

씁쓸한 추억거리가 불쑥 고개 내민다. 어릴 적 소원은 치렁치렁한 긴 머리에 무릎 위에서 살랑대는 짧은 치마를 입는 거였다. 어머니는 내가 바라는 정반대로 치마는 길고, 머리는 짧게 만들어 버려서 소녀는 슬펐다. 머리를 자르면 깡충 올라가 엎어진 디귿자 모양으로 얼굴 위에 얹어 있어서 나를 울렸고, 치마는 왜 무릎에서 한참 아래로 어정쩡하게 길기만 한지. 초등학교 입학 후, 봄에서 여름, 그리고 가을까지 몇 년을 내리 입었건만 무릎 위를 넘지 못했던 애증의 미녕 치마. 친구들 깡충 치마 입은 모습이 부러워 치마를 아무리 가슴팍 위로 올려 입어도 밑단이 무릎 위까지는 도통 올라가질 않았다.

손수 돌담 쌓아 흙 발라가며 집 지으신 아버지, 입학할 때 입을 옷을 지어주신 어머니, 방앗간 일을 하신 부모님 덕에 금방 도정한 쌀로 고소한 밥 지어주셔서 배불리 먹을 수 있었으니 얼마나 복된 시절이었나. 그 사랑 먹으며 도담도담 자랐건만 돌아가셔서 안 계신 부모님께 감사하다고는 못할망정 볼멘 불만을 늘어놓는 것도 모자라 애꿎은 미녕 치마 들먹이며 요러쿵조러쿵 속상했다고 구시렁거리다니. '글 짓는 사람입네.'라며 멋대로 내치락들이치락하는 내가 좀스럽기 그지없다, 아버지 어머니, 죄송합니다.

얼마 전 종영된 일일 연속극에 양복장이 아버지가 눈이 멀어 더 이상 일을 할 수 없게 되자 가풍으로 양복점을 이어갈 아들에게 "옷을 지으면 그 옷과 더불어 옷을 입는 사람의 삶도 지어 주게 된다." 라며 말미를 장식한 장면이 있었다. 우리 삶의 바탕인 의식주이니 옷을 짓고, 밥을 짓고, 집을 짓는다는 언어의 심지를 떠올리게 했다.

'짓는다.'라는 말의 참맛을 이해하려고 사전을 들췄더니 어찌된 일인가. '밥짓다' '옷짓다' '집짓다'란 합성어는 한국말 사전에 없다.

복합어는 말의 의미나 가치를 높이기 위함일진대, 아쉽다.

글짓기를 어르고 추슬러서 반세기 전, 매듭지어진 시간들을 들여다봤다. 육십 년 가까이 해묵은 의식의 창고에서 꺼냈지만 바로 눈앞에서 오락가락하며 바스락장난치는 미녕 치마, 어머니가 손수 지어 주셨기에 이리도 반가운 걸. 일곱 살 아이에겐 버거운 무늬였지만 그리움 속, 천사의 날개인 걸.

20대의 어머니가 미녕 치마 입은 일곱 살 적, 내 손 잡고 저기서 걸어오신다.

돌의 미소

삼 년 전 여름이었다. 그해 여름 더위는 혹독해서 우리가 머물고 있는 곳과 한 울타리를 끼고 있는 공원에도 더위에 지친 사람들이 밤낮으로 들끓었다. 그날도 열대야로 울렁증이 목울대까지 치올랐다. 새벽 세 시나 되었을까. 주위가 조용해지고 공기가 서늘하여 한숨 내리쉬려던 참이었다. 한 여인이 피곤한 얼굴로 가로등 빛이 어슴푸레한 공원 후문을 통해 주춤주춤 들어왔다.

불쑥 나타난 여인은 신새벽 시간대여서 깡마른 몸집이라 헐렁한 면 티와 반바지 차림이 사늘해 뵈고 초라했다. 지친 듯 내 앞, 경계석에 털썩 앉더니 들어온 후문 쪽을 무심히 보다가 "아, 어머니." 하며 내 옆자리를 반 굽은 채로 하염없이 올려다보는 게 아닌가.

한참 후, 바로 앞에 내 얼굴을 빤히 쳐다보다가 "아버지도 여기 계시네."라며 얼굴 가득 미소 지었다. 부지불식간에 내 동쪽 옆구리를 끼고 앉아 있는 구멍 숭숭한 현무암 덩이를 어머니라고 부르고, 누런 암석 덩어리에 불과한 나에겐 아버지라니, 무슨 귀신 씨나락 까먹는 소린가. 하지만 몇 백만 년을 무심으로 지낸 우리에겐 감지덕지, 흥미로운 사건이었다. 여차함도 없이 우리를 쳐다보면서 생전의 부모님의 미소가 보인다고 하면서 함박웃음 짓던 여인을 우리는 매일 이른 새벽에 만난다.

오늘도 먼동이 트일 무렵, 그니가 다녀갔다. 몸통이 울퉁불퉁 돌덩이에 불과한 우리는 서로 무정물일 뿐이라며 곁눈질이나 가끔 하며 지내왔을 뿐인데 이렇게 부부의 연으로 별스럽게 맺어졌다. 내 옆자리에 있는 곰같이 묵직한 곰보투성이를 아내로 맞게 될 줄은 상상조차 못 했다. 다만 늘 곁에 있어 옆구리가 든든하긴 했다. 송당 곶자왈 출신인 나와 곰보 덕지덕지한 대정 바람코지 출신, 바윗덩이가 부부가 된 게 신기할 따름이다.

말이 씨가 됐나. 우리 둘 사이는 어느 날부터인지 모르게 부모의 입장이 되어 새벽이면 그 여인을 기다리게 됐다. 그니는 비가 오는 날은 수건을 들고 와서 돌 의자를 말끔히 닦아 놓고 앉아 우리를 올려다보며 공원에서 내비치는 가로등 불빛이 우리 얼굴을 반질거리게 해서 운치가 있다고도 했다. 갈 때는 내 눈을 살살 쓰다듬고 지어미 눈과 귀를 발 돋우어 어루만지다 자리를 뜬다. 짐작건대 이 세상에 안 계신 부모님을 무척 그리워하는 것 같아 애틋하기도 하다.

하루는 그니가 나와 아내를 번갈아 바라보다가

"어머니! 곁에 계신 아버지를 보세요. 인자하게 웃으시는 아버지 눈웃음을요. 어머니가 생전에 하셨던 말이 생각나요. 사람은 눈을 보면 그 사람을 거지반 알 수 있다고 했지요. 사윗감 선택할 때도 '눈동자가 선량하게 보여 사윗감으로 합격'이라고 했잖아요. 생전에 그러셨던 것처럼 아버님의 눈매는 볼수록 선량해서 들여다보고 있으면 기분이 좋아지고 감사한 마음이 절로 솟아요. 사실 어머니도 쌍꺼풀 진 눈이 참 고왔지요. 항상 열린 마음으로 지혜롭게 세상을 보라고 이르시던 어머니. 얼굴 옆면으로 보면 코가 낮아 윗입술이 코보다 더 나온 모습도 어김없이 살아생전의 어머니이시네요." 한다.

아내를 곁눈질로 쳐다봤다. 그러고 보니 납작코에 입술이 두툼하다. 하지만 뭐 대수인가. 영락리 태생 볼품없는 곰보지만 항상 내 곁에 있어서 좋기만 한 걸. 억년 세월 동안, 깎이고 문드러지는 일밖에 없었는데 우리를 반기는 그니를 만난 후론 하루가 즐겁고 내일을 기다리게 되니 해가 뜨고 지는 게 흥이 난다. 더구나 그니는 우리에게 늘 "미소로 맞아줘서 고맙습니다. 감사합니다."를 연발하며 우리를 기쁘게 한다.

어느 날 문득 돌에 미소를 담고 내게 오신 부모님은 제주에 국내

유일의 제주 민속박물관 광장 한쪽에 전시해 놓은 제주 현무암인 커다란 암석 중에 있다. 35년 전, 개관하며 후문 광장 한쪽에 제주 현무암 아홉 기의 터전을 마련하면서 제주의 화산 활동의 흔적을 상징적으로 보여주고 있는 곳이다.

언제나 변치 않는 웃음으로 나를 감응시키는 아버지 형상이 보이는 바위는 '백주또' 신화로 유명한 산촌 출신이다. 아버지 모습을 닮은 현무암 덩이는 180만 년 전, 지하의 불길에 튕겨 혹독한 시련을 겪으며 구릉을 타고 흐르다가 굳으며 지금의 형상이 됐을 게다. 언제나 두 손을 합장하고 비손하며 평온한 미소를 두 눈 가득 담아내는 모습이다. 바다로 흘러가지 않고 간신히 곶자왈 틈에 끼인 덕택에 합장한 모습으로 태어난 것이 고마워 늘 기도하는 걸까. 눈매 또한 일품이다. 부처님을 닮았다. 시원한 이마를 타고 새벽 가로등 불빛에 역반사로 보이는 귀는 또 얼마나 잘생겼는지, 나는 아버지 형상을 하고 있는 돌을 쓰다듬으면 기분이 좋아진다.

어머니의 화신인 바위도 제주도 서쪽 끄트머리 영락리 바닷가 마을에서 태어났다. 제주는 태초에 화산이 폭발하며 마그마를 뿜어냈다. 펄펄 끓는 마그마가 닿는 곳은 팥죽 끓듯 녹아내리며 바다로 흘러들었다. 어머니 형상인 바위도 해안으로 돌진한 마그마가 물을 만나 급속하게 식으면서 펑펑 터져버린 모습이 독특하고 상징적이라 이곳에 모시게 되었으리. 하많은 세월 동안 온몸이 짜디짠 바닷물에 절여지고 거센 바닷바람에 닳고 닳은 흔적을 온몸으로 품고도

밝게 웃음 짓는 어머니. 모진 삶을 산 생전의 어머님의 고단했던 삶의 표징이라 여겨져 애련하다.

돌에 미소를 담고 내게 오신 아버지와 어머니를 오늘 새벽에도 우러러본다. "돌에도 피가 돈다"라 읊었던 어느 시인의 마음결을 헤아리며.

따로 또 같이

이호 바닷가에 명물이 있다. 붉은색과 순백의 말 모양 등대가 오가는 이들의 발걸음을 멈추게 한다. 왼편엔 하얀색, 오른편엔 빨간색 말이 바다를 바라보며 찬연히 서 있다. 해양관광 명소로 한몫을 하고 있는 모습이 듬직하다.

오디세우스의 전쟁 전술로 유명한 트로이목마를 연상하게 하는 웅장한 모습이지만 평화의 섬 출신인지라 바라볼수록 화평하다. 낮에는 드넓은 바다를 배경으로 관광객을 맞고 어둠이 내리면 빛 밝히며 제 임무인 바닷길 안내에 여념이 없다. 색깔도 다르고 따로 서 있으면서도 둘은 한마음 한뜻이다.

나에겐 말 등대가 예사로 보이지 않는다. 흥미롭기도 하거니와 반갑게 다가오는 건 결혼식 때 입었던 내 한복 색깔과 똑같아서다. 결혼 예복이 새색시답지 않게 노티가 난다고 언니조차 타박을 했지만 한복 맞춤집에서 마주한 저고리에 하얀 명주실로 새겨져 있는 '福' 자가 눈길을 잡고 놓지 않았다.

수수한 한복을 입은 덕분이었을까. 시집 어른들께 인사드릴 때는 수줍어 눈도 제대로 마주치지 못했지만 종가의 맏며느리 태는 보였는지 모두들 참해 보인다고 눈웃음 주며 살갑게 대해줬다.

첫 살림은 바다를 볼 수 없었던 내륙지방에서 십 년을 살았다. 어쩌다 물 구경한다며 찾는 곳은 냇물 졸졸 흐르는 골짜기이거나 개흙 냄새 텁텁한 강기슭이었다. 마음먹고서 바다 구경하려고 몇 시간을 차로 달려야 겨우 밋밋한 얼굴을 내밀었던 서해안은 갈증만 더할 뿐, 사면에서 치고 솟으며 갖가지 표정으로 반기는 광활한 바다를 끼고 자란 나에겐 도무지 성에 차지 않았다.

지금은 그리던 고향에 안착했다. 도시 한가운데에서도 발끝 돋우면, 태평양으로 뻗은 수평선을 한눈에 보여주는 제주에 정착하게 되어 얼마나 다행인지 모른다. 목을 빼어가며 바라보려 하지 않아도 바다가 와락 안기는 곳, 지천으로 널린 게 해변이고 수없는 이야기로 물결 출렁이는 곳이다.

모든 인생사에 예행연습이란 없지만, 제2의 삶을 물 건너가서 꾸리며 뭍의 세상을 처음 접한 신부는 모든 게 낯설고 헛헛했다. 혼자 외로워 속절없이 허우적거릴 때면 하얀 저고리에 새겨진 '福' 자가 내 앞길을 밝혀 줄 거라는 믿음으로 마음을 달랬다. 붉은색 치마는 어려울 때, 용기와 지혜를 줄 거라고 자기 암시를 걸며 남몰래 펴보기도 했다.

색이 주는 의미는 사람의 성향에 따라 다양하리라. 내 저고리 색깔인 흰색은 순결과 순수와 청순한 이미지를 주며 보호 받음, 조용함, 안락함 등의 의미를 담고 있단다. 치마 색인 빨강의 상징인 불은 희생과 혁명의 상징으로 인간에게 불을 전해준 프로메테우스를 떠올리게 한다. 그래서 인류 역사에 커다란 힘을 행사해 온 색이라 하나 보다. 또한 빨간 색깔은 아기가 어머니의 태중에서 막 빠져나올 때 가장 먼저 본 색이라서 우리들의 무의식 속에 살아 숨쉬고 있다 하니 절로 고개가 끄덕여진다.

그러고 보니 내 결혼 예복이 특별한 의미로 다가온다. 하얀 저고리를 선택한 걸 보면 새로운 환경을 처음 접하면서 안정된 생활을 염원하지 않았나 싶다. 빨간 치마를 다소곳이 사려 입었던 수줍음 타는 신부였지만 그 색에 내포된 열정과 지혜, 사랑, 생명, 생산 등의 의미를 치마폭 속에 내밀히 간직하고 싶지 않았을까.

빨강의 불은 위대한 유산을 낳게 한 밑힘이다. 제주섬도 불에 의해 달구어지며 생성되지 않았는가. 한라산 자궁에서 터져 나온 불의 화신이 빚어낸 섬과, 섬 속의 섬들을 포함한 삼백육십여 개의 오름들을 제주바다는 아침이면 흔들어 깨우고 밤이면 흔들어 주어 고이 잠재운다. 해가 솟는 아침 바다와 해가 지는 저녁 낙조의 색은 신이 만든 걸작이기도 하다. 붉은 태양과 푸른 바다의 절묘한 조화, 그래서 색 중에 빨강과 파랑을 보색의 최고로 꼽나 보다.

사소할지는 모르지만 인간은 색을 통해 자신에게 필요한 에너지를 얻고자 하는 본능이 있다는 걸 느끼게 한다. 일상에서 심신에 영향을 끼치며 우리의 삶과 같이한다는 것도 경험을 통해서 알겠다.

이호 바닷가 명물 등대를 다시금 바라본다. 무생물에 불과한 말 형상이건만 색의 화음을 이루며 서로 다정하다. 나의 결혼 예복도 의미를 두고 보니 제2의 삶을 온전히 지탱하게 해준 불사조였지 않나 싶다. 빨강이 선명하게 빛나라고 하양이 밝은 빛 비추며 내 삶을 이끈 것 같아 가상스럽다. 초로인생의 숲에 다다라 의기소침한 나에게 다시금 용기를 준다.

하얀 빛 내리쬐는 길로 주저함 없이 나서리. 그 길에서 빨간 열정을 들어올려, 길 밝히며 나아가리라. 따로 또 같이 한곳으로 빛 모으는 이호의 등대처럼, 그렇게.

상선약수

숨이 턱에 차는 날의 연속이다. 이런 날은 나무 우거진 숲길을 걷는 것 이상 좋은 게 없을 듯하다. 차로 20여 분만 가면 닿는 남조로변, 교래 휴양림으로 들어선다. 들숨 날숨이 기다렸다는 듯 심호흡을 터뜨린다. 걸음발도 덩달아 가볍다.

아침나절이라 야생화에 맺힌 이슬이 도드라지다. 생을 다한 산수국 헛꽃에는 이슬조차 머물러주지 않는다. 대통령이었던 한 여장부의 인생을 닮았다. 헛노릇의 삶은 시들어 갈 때가 더 허무한가. 이슬도 외면한 메마른 헛꽃이 딱하다.

제법 고지에 속하는 곳이라 초여름이지만 신록의 오름세가 온 산에 그득하다. 산을 오르는 물이 장관을 이루고 있다. 산을 타는 물의 발자국 소리가 사르륵 사르륵 끊임없이 이어진다. 운무도 흐느적거리며 물줄기의 질주를 부추긴다. 숲이 깊으니 물소리도 그윽하다.

생명이 있는 곳이면 어디든지 물은 같이한다. 여기 숲에도 제각각의 나무들이 물의 길을 만들어 놓고 뿌리에서 한껏 뽑아 올린다. 깊숙이 뻗어 지하를 장악한 큰 뿌리가 잔뿌리들에게 소임을 맡겼다. 나무는 일사불란하게 줄기 따라 펼친 가지를 지나 잎사귀로 물을 보낸다. 벌써 조랑조랑 열매 엮어 놓은 나무도 있지만 사철을 두고, 씨앗을 맺고 떨구며 창대한 숲을 이루어 나가리라. 나무를 타며 산을 오르는 물의 소통이 경이롭다.

우리 삶도 제각각 뿌리에서 물을 빨아올리며 제멋으로 살고 있을진대, 요사이 선거를 치른 민의의 대변자들이 위를 향해 내지르는 소리들이 난무하다. 세상이 시끌벅적하다. 제자리를 찾으려는 가쁜 몸놀림이겠지만 순응하는 물을 본받을 일이다. 노자도 '상선약수上善若水'라 하여 선은 물과 같다고 했다. 물이야말로 선으로 통하는 처세술이며 소통의 기본이 아닐까.

저 높은 산을 오르는 물이 선으로 바뀌기를 소망하며 상선약수의 한 구절을 꺼내 펼쳐본다.

"다스릴 때는 물처럼 바르게 하고, 일할 때는 물처럼 능하게 하라."

어느 무덤의 하소연

하늬바람 선선한 날, 솔방울 톡톡 벌어진다. 드디어 쪽방 탈출이다. 나비처럼 훨훨 날아가야지.

"제발, 빛 좋은 남쪽 언덕으로…."

아슴푸레 들리는 엄마의 소원을 뒤로하며 힘껏 날개를 펼쳤지만 나의 외짝 날개로는 언감생심, 곧바로 낙하하고 말았다. 그곳은 북쪽 언덕배기, 엄마 옆이었다. 설한풍 몰아치면 우듬지로 바람막이 되려 애쓰는 엄마의 그늘이 싫어 몸을 외로 비비 꼬며 반항도 했다. 반세기 넘도록 구부정하게 살고 있는 엄마를 닮지 않을 방법은 오직 하나.

"곧게 높이 자라야지. 엄마처럼 구불구불 망측한 몸매는 내 사전엔 없는 거야."

줄기를 추켜세울수록 몰아치는 해풍과 폭풍에 허리는 비틀렸고 가지도 수없이 찢겨 나갈 뿐, 자연은 혹독한 아픔을 주며 나의 오만함을 깨우치게 했다.

엄마의 우듬지 아래서 난 애송이였음을 알아차리기까지는 십여 년이 걸렸다. 환경에 순응하며 당신같이 구부정하게, 그리하니 삶이 참 편했다. 바람을 거스르는 건 죽음과 맞바꿀 수도 있다는 걸 터득하고 나니 자연이 나를 품안으로 거둬주었고 사람들은 우리를 가리켜 사라봉의 명물이라고 오며 가며 치켜세웠다. 엄마는 70세, 내 나이 30세, 우리 모녀는 가끔 어깨를 겯고틀며 실랑이도 했지만 새새틈틈 낙락장송의 꿈을 키워갔다.

그런데 작년 늦가을, 엄마가 이상했다. 마른하늘에 날벼락이라더니 창창하던 잎들이 금시에 사색이 돼버렸다. 떠날 때를 예견했음인가. 한가로이 몸피 키우던 솔방울들도 아수라장으로 변했다.

사라봉 북쪽 벼랑에서 제일 활기찼던 엄마는 사시절 빛이 났다. 동천에 해가 떠오르면 수만 개의 잎들을 비틀어가며 일제히 동쪽으로 기울였다. 해님이 당신을 따라가는 것 같은 착각이 들 정도로 일사불란하니 잎들이 윤이 안 날 수 있었으랴.

그러던 엄마가 하루가 다르게 맥을 못 추는 게 아닌가. 3년 전 몰아친 태풍에도 몸이 기우뚱할 정도로 시련을 당했지만 새잎 키우며 수많은 솔방울을 탄생시킨 슈퍼우먼이었는데.

결국 엄마는 떠났다. 난, 그날을 잊을 수 없다. 내가 쪽방 탈출을 기뻐하며 튕겨 나왔던 그 집에서 내 아우들이 맥없이 우수수 쏟아져 내리며 엄마의 부음을 슬퍼했고 굉음과 함께 발등에 들이대는 톱날에 그나마 남아 있던 솔방울들도 눈물처럼 뚝뚝 떨어져 내렸다. 홀연히 들이닥친 이별은 가혹했다. 한 세기 가까운 삶이 스러져가는 데는 단 몇 분밖에 걸리지 않았다.

헤스터가 가슴에 매달았던 죄악의 징표인 주홍글씨처럼 병을 전염시킬 위험이 있다는 빨간 낙인 표시만 그루터기에 남기고 떠난 당신, 터줏대감 격인 엄마의 마지막 자취는 황량했다. 여느 나라 여인들이 이마에 찍는 빈디라면 신의 가호라도 빌어 보련만.

엄마의 시신을 퍼런 천막 속에 가두어 놓고 무섭게 힘이 센 기계와 더 무서운 사람들은 담배 한 대 빼끔 피우고 손을 툭툭 털며 떠났다. 엄마의 넓은 품을 차지했던 그루터기는 진득한 송진 눈물을 자아낼 뿐, 페인트로 칠한 주홍의 동그라미만 휑뎅그렁하다.

솔숲에 오면 머리가 맑아 기분이 좋아진다며 사람들은 우리를 우러르기도 하였다. 혈액순환에 좋다고 우리 몸에 등치기를 해대며 쓰다듬어 주던 이들도 멀찍이 돌아서 간다. 이곳 풍광에 전혀 어울리지 않는 천막으로 둘러친 무덤에 눈살 찌푸리기도 하지만 더러 안타까워하기도 했다. 우리, 높고 으뜸이라는 수려한 이름값을 하며 2억 년 이상을 우수한 유전자로 예까지 오지 않았는가. 늘 푸르른 솔의 자존심이 무너져 내리고 있음이 하 슬펐다.

남자들이 들이닥쳐 내 아랫도리에 전동 드릴로 구멍을 뚫고 예방약을 주입시켰지만 "내 억센 솔보굿을 뚫을 침입자 있으면 나와 봐라." 우듬지 들썩이며 끄떡없다고 했다. 엄마가 속수무책으로 당하며 사라져 간 것을 보기 전까지는 큰소리쳤건만….

엄마의 죽음을 슬퍼할 새도 없이 이른 봄부터 기운이 쏙 빠지기 시작했다. 전전긍긍 염려했던 내 삶의 종지부도 어이없이 들이닥쳤다. 난데없이 갈증이 엄습해 왔고 잎이 축 처지더니 노래져버렸다. 순식간에 기하급수적으로 불어난 괴물들, 몸속 수분을 갈취해 버리는 1mm 미물들의 거대한 먹성에 나도 도리 없이 당하고 말았다.

흔히들 벼랑 끝에서 희망을 꿈꾼다고 한다. 내가 그랬다. 올곧게 견뎌 왔다. 한겨울 삭풍과 한숨에 집어삼킬 듯 휘몰아치는 태평양 거친 해풍을 온몸으로 맞았던 날들, 휘어지고 꺾여도 굳게 산 신산한 세월이 억울하다. 온종일 몸을 비틀어 가며 햇빛을 모아들이던 수만 내 분신들의 노란 주검이 안타깝다. 내 몸을 받혀주던 톱질 흔적이 뚜렷한 발목에도 어김없이 주홍색 낙인이 찍혔다. 이대로 화학 냄새 진동하는 천막 속에서 삭아 없어지기에는 내 생애가 허무하다.

온 산에 벚꽃 흐드러져 볼 만하지만 산책하는 이들은 걱정이 말이 아니다. 우리 무덤을 만들며 지나간 길목마다 심하게 파헤쳐 있어서 흉하고 볼썽사납다 한다. 포클레인 바퀴에 갖가지 야생화와 나무들이 으깨졌다고 볼멘소리들이다. 언덕배기 흙과 돌들도 으스러지고 파헤쳐졌다며 바다로 쏟아져 내릴 흙무덤이 불 보듯 뻔하다고 조바심친다. 자업자득의 과보는 무서운 것. 맞는 말이다. 사라봉은 태평양의 정기와 우리의 기상을 청록으로 버무려 온 섬에 힘을 부어주는 곳인데 이 언덕이 무너져선 안 되지.

걱정도 팔자라던가. 잘려나간 몸뚱이는 암흑천지 천막에 갇힌 채 서러워 울부짖고 있는데, 뿌리 나부랭이, 아직은 살아있다고 이런 저런 헛걱정을 하다니. 하지만 우리들이야 어차피 사라져 갈 것을. 몰지각하게 자연을 파괴해대는 현장에서 마지막 숨 몰아쉬며 하소연해 본다.

"차라리 나를 자연 그대로 풍장시켜 주오. 시퍼런 천막 뒤집어쓰고는 도저히 잠들 수 없소이다."

오조리에서 나를 보다

문인들과의 나들이는 언제나 기대 만발하다. 구월 초순, 옷깃을 스치는 선들바람에 가을 향이 싱그럽지만 한낮 땡볕의 기세는 녹록지 않다. 이번 코스는 동부해안도로를 경유하며 식산봉 둘레길도 걷는다.

같이한 일행 거의가 고향이 제주인데도 지역마다 비경을 자랑하는 해안도로를 지날 때는 처음 본 것마냥 눈들이 빛났다. 시냇물도 끼리끼리 모여야 졸졸졸 노래하듯이 우리끼리도 눈길 주는 곳마다 문학 향기 짙은 이야기꽃이 피어난다. 나와 자리를 같이한 문우와는 눈짓만으로도 감성이 오가니 하루의 시작이 신이 난다.

식산봉은 바다 한가운데 떠 있는 느낌이 드는 곳이다. 멀리서 바라보면 마치 작은 섬처럼 보여서 섬 속 또 하나의 섬으로 다가온다. 오름 입구로 들어섰다. 각종 키 큰 수목들이 입구부터 울창하다. 바로 해안가에 인접해 있으니 해풍으로 황량할 거라는 나의 생각은 크게 빗나갔다. 자생하는 식물들이 하나같이 여느 오름보다 무성하게 제 몸집을 키우고 있다. 우거진 나무에서 내뿜는 상긋한 피톤치드 향이 비릿한 갯냄새를 밀어내며 정화해 주는 성싶다.

나무 사이로 얼핏얼핏 보이는 바다 물빛은 이곳이 아니면 못 볼 그림 같은 풍경이다. 바다 품에 안긴 나무, 그 나무를 품은 바다가 음양으로 늘 얼굴 맞대고 있어서 생기 가득한가. 풀빛과 물빛이 서로 육지와 바다를 드나들며 가을 초입의 흥을 담뿍 담아낸다. 햇살조차 싱그러운 녹음 향에 취했는지 어질어질거린다. 여기 나무들은 바다를 옆구리에 끼고 있으니 심심치도 않겠다. 오름을 둘러싼 바다도 물그림자로 드리운 나무들의 흐느적거리는 자태를 물결로 보듬어 안고 도는 나날들이 행복하겠다.

청량한 공기를 한껏 들이마시며 걷다가 발아래를 보니 맥문동이 오달지게 영역을 장악하고 있다. 이에 뒤질세라 계요등 덩굴들도 키 작은 소나무를 타고 오르며 가지마다 오종종한 얼굴들이 앙증맞다. 천남성 열매 덩어리는 한나라의 왕비를 시해한 독기를 자랑이나 하듯이 한 주먹 불끈 쥔 모습이어서 가던 발길 움츠리게 했지만 그 독도 긴요한 약이 되는 진리가 있거늘, 자연이 행하는 이치를 우리가 어찌 다 헤아리랴.

얼마 걷지 않았는데 어느새 정상에 다다랐다. 표고 육십여 미터의 아담한 오름 너머, 눈아래 펼쳐지는 마을 오조리吾照里, 나를 비춰보는 마을이란 지명이 예사롭지 않다.

언제였더라. 십여 년은 족히 지난 것 같다. 작가가 되어 내 이름을 걸고 글을 쓰는 게 소원이던 시절, 기성 문인과 같이 오조리에서 열리는 1박 2일 문학세미나에 우연찮게 참석했었다. 행사장인 오조리 광장 길 건너는 호수 같은 바다였다.

오조리가 고향인 시인이 인사말을 하며 오조리 지명을 설명하는 순간, 나는 홀린 듯 길 건너 해안가에 자리 틀고 앉아버렸다. 그날 밤, 은빛 바다에 취하며 하늘로 눈길 돌리니 윤슬에 내려와 있던 빛, 빛들. 그 밤, 오조리 해안가에서 달과 별과 같이 나를 비춰보았던 시간은 황홀했다. 노벨문학상을 받은 프랑스 작가 르 클레지오를 면전에서 바라볼 수 있었던 행운의 날이기도 하다.

그 이후, 오늘 찾은 오조리 해안은 낮이나 밤이나 묘한 아름다움을 간직한 곳임을 다시금 보여 준다. 육지와 바다가 그림인 듯 오밀조밀하게 들어차 있는 50여만 평 규모의 만灣이라 하니 우포의 늪 못지않게 규모가 커 보인다. 이곳은 태풍이 몰아쳐도 물결이 그다지 요동치지 않는단다. 아름다운 리아스식 해안이다. 복 받은 농어촌마을이다. 오조리 해변, 모래밭에서 조개잡이하는 이들의 모습도 단순한 볼거리를 넘어 풍경이다.

식산봉을 내려와 서쪽으로 돌아 나가는 길 왼쪽은 물밑에 해초랑조가비 조각들이 훤히 보인다. 물 깊이가 종아리 밑이라 어디 눈먼 문어라도 기어 나와 흐느적거린다면 뛰어 들어가 첨벙거리고 싶다. 길 오른쪽엔 제주기념물 47호로 지정된 황근이 귀한 몸값만큼이나 의젓하다. 꽃은 져버려 아쉬웠지만 후대를 기약할 열매를 실하게 달고 있어 기특하고 반갑다.

어디서든 단체 생활에는 불협화음이 있기 마련이다. 일행들이 제각각 흩어져 버렸고 점심시간이 임박해서 식산봉 들어섰던 길로 빨리 되돌아 나오라는 전갈이 다급하다. 아기자기한 둘레길을 포기하고 버스 있는 곳으로 나온 것이 못내 서운했지만 어차피 여행길도 왔던 길 되돌아가야 함이려니. 우리 인생길처럼.

나를 들여다보고 싶은 마음 간절한 날, 아쉽게 되돌아섰던 길 나서듯 서둘러 또 가 보리라.

우리와 끼리

절친한 친구가 나에게 질투를 느끼게 하는 게 하나 있다고 했다. 내 남편이 나에게 '우리 순희는'이라고 내 이름 앞에 우리라고 말할 때란다. 왜 그 말에 질투가 날까 의아해 했는데 친구가 한 말을 새삼 되뇌어 본다. 의지할 데 없이 혼자인 삶이 외롭다는 걸 빗댄 뜻이었는데 질투란 낱말 때문에 홀로 된 친구의 적적한 심정을 헤아리질 못했다.

인간은 태생적으로 온전히 혼자 살아갈 수 없다. 나는 개별적 존재이지만 이웃과 어울려야 할 사회적 존재이고, 우주 속 아우름의 존재다. 그러니 서로 맞대고 살아야 하는 사회적 동물인 게 우리이다.

일상에서 이야기를 나누다 보면 '나', '너'라고 시작되는 말보다 '우리'라는 어감이 몸과 마음을 디밀어 가까이하고 싶고 한층 정다움을 준다. 근래 들어 남북이 교류가 잦아지면서 자주 떠오르는 단어이기도 하다. 우리끼리가 더 정다워 뵈는 이유다. 그러나 끼리끼리로 말을 바꿔보면 분위기는 딴판이 되고 만다. 무리가 편을 짜서 끼리 따로따로의 느낌이다. 우리끼리보다 끼리끼리가 부정적인 색깔로 변색된다.

요즘 스페인으로부터 독립을 위해 투쟁하고 있는 카탈루냐를 떠올린다. 수도인 바르셀로나 지역민들은 지역의 경제적인 이익을 위해 독립을 요구하고 있고 정부에서는 막는 모습이 '우리끼리와 끼리끼리'에서 오는 이해득실로 보인다.

카탈루냐 출신인 소설가 멘도사는 인간의 본성은 개별적으로 존재하고자 하는 욕망을 가진다면서 자식은 부모로부터, 때로는 부부조차 상대로부터 떨어져 있고자 한다고 말했다. 하지만 국가는 다른 식으로 움직여야 한다면서 정치 · 경제 · 문화적 영토가 얽혀 있기에 신중해야 하며 개인과 국가의 욕망은 다르다고 역설한다. 생산 · 분배 · 소비로 이루어지는 사회적 관계를 지역 안에만 머물게 하는 건 국민이 지녀야 할 국가관이 아니라고 한다. 국가를 위하는 마음이 앞선다면 작금의 바르셀로나 사람들이 정치적 형세는 국가우선주의를 역행하고 있다고 단호하게 비난하고 있다. 카탈루냐 독립 투쟁은 그 지역에서 발생되는 경제 가치를 다른 지역과 공유하지 않겠다는 데 있다는 거다. 개인의 이익이 우선인 개별주의 모양새로 세계의 언론은 보도하고 있다.

그러나 나의 견해는 다르다. 그들의 분리 독립을 해달라고 투쟁하고 있는 가장 큰 이유는 중앙정부의 지속적인 탄압으로 인하여 독립적으로 지켜온 국민의 정체성이 사라져 가는 게 큰 쟁점이라고 본다.

세상은 별난 일들의 연속이다. 아이러니한 일들이 순식간에 벌어지고 사라져 간다. 우리는 38선을 사이에 두고 70년 세월 동안 한 민족끼리 따로따로의 삶을 꾸려왔다. 서로 통일을 갈망하면서도 험준한 정부 간의 이해타산적인 태산에 가로막혀 지금껏 둘로 갈라져 지내고 있다. 그것도 모자라 몇 달 전까지만 해도 일촉즉발, 발만 잘못 디뎌도 폭발할 것 같은 위급함에 짓눌려 있었다.

2018년 4월 27일은 기념비적인 날로 기록될 성싶다. 문재인 대통령과 김정은 북한 국무위원장이 '한반도의 평화와 번영, 통일을 위한 판문점 선언'을 이룬 날이다. 한반도의 완전한 비핵화가 공동의 목표라는 점을 세계만방이 지켜보는 가운데 선포한 역사적인 날이다. 완전한 비핵화를 통한 핵 없는 한반도 실현 목표를 재다짐하고 확인한 것이다. 전 세계가 쌍수를 들어 남북 정상회담을 반기고 있다.

우리의 우방국인 미국도 한미동맹을 굳건히 하고 대북 공조 강화를 위해 힘쓰겠다고 선언했다. 대한민국이 우방국에 동조하여 부화

뇌동하기를 바라고 있다. 세상은 쏜 화살같이 순간적으로 변하고 있다. 미국은 지금까지 우리의 굳건한 우방 그 이상은 아니다. 동맹국 간의 조약보다 이 시대가 열어준 약속인 우리끼리 뭉쳐야 할 때가 도래한 것이다. 통일 한국의 미래를 활짝 열어야 하는 대업이기 때문이다. 70년 동안 누적된 남북의 이질적인 요소들을 평화롭게 해결하는 건, 같은 핏줄끼리의 정情이 해결의 윤활유가 될 것이다.

우리 민족의 일은 우리끼리 힘 모으며 머리 맞대어야 이룰 수 있기에.

은행에 반하다

담근 지 3년 된 과일주 뚜껑을 땄다. 은행열매 술이다. 감미로운 향기가 코끝으로 달려든다. 색깔도 그윽한 금빛이다. 꼬리꼬리한 냄새를 풍기던 과육이 발효되며 이런 향기를 내뿜다니, 신기하다. 술 거르는 걸 도와주던 남편도 코냑 향이 난다며 맛부터 보자고 잔을 들이댄다. 색깔과 향 못지않게 맛 또한 일품이다. 혀끝에 감도는 향긋함이 목을 넘기며 알싸하게 감겨든다. 에틸알코올에 녹아내린 황금빛 액체가 굽 높은 잔 안에서 뱅그르르 돈다.

가을이면 노랗게 물든 은행잎은 다들 좋아하지만 떨어진 열매를 보면 진저리를 친다. 사실 잘 익은 은행 열매일수록 고리탑탑한 냄새로 눈살을 찌푸리게 한다. 이때쯤, 가로수로 심은 은행나무에서 떨어진 열매 때문에 지자체에 민원이 들끓어 골머리를 앓는다는 기사를 종종 접하게 된다.

그러나 나는 은행이 익을 때를 손꼽아 기다린다. 동네에 있는 학교 교정과 공원의 은행나무가 내게 열매를 아낌없이 내려주는 곳이다. 올해도 어김없이 은행 열매를 주워 왔다. 일 년 양식을 마련한 것처럼 흐뭇하다. 연년이 열매를 베푸는 은행나무가 예뻐서 오가며 눈인사를 할 때도 있다.

은행은 사람들에게 매우 유익한 과실이다. 효능 중에 가장 대표적인 것이 바로 '항암효과'다. 항산화 성분이 풍부하여 체내의 활성산소를 억제하며 기관지 계통 질환에 효과가 있다고 알려진다. '징코플라톤'이라는 독특한 물질은 혈전 분해 성분이라 혈액순환을 도와 혈액의 노화도 막는다. 은행잎의 또 하나의 장점은 해충 등을 근접 못하게 하는 효과까지 있다하니 반하지 않을 수 있으랴.

비타민 C와 A, B_1, B_2 등의 함량도 높아 면역력을 증진시키고 뇌세포 대사를 활성화시켜 기억력을 증진하고 건망을 해소시키며 치매 예방에도 좋다고 알려진다. 식용은 물론 약제로도 가치가 있는 열매임이 분명하다.

은행 열매 냄새 때문에 피해 다니며 행정에 민원 올리는 이들의 심정을 헤아리지 못할 바는 아니지만 "사랑하면 알게 되고, 알고 나서 보이는 것은 전과 같지 않으리"란 문구가 떠올려지는 이로운 나무다.

은행나무는 지구에 약 2억 년 가량 존재하고 있다. 살아있는 화석이라고 불릴 만한 생물이다. 중생대 쥐라기 때 가장 번성했으니 공룡들과 함께 지구에 군림했던 '역사의 산증인'인 셈이다. 아등바등 억척을 떨어도 한 세기를 못 사는 우리는 우주 안에서 얼마나 하찮은 존재인가.

대낮, 은행주 한 잔에 홀렸나. 사람이 영생의 길로 가는 비밀의 열쇠가 은행 알, 고약한 냄새에 숨겨 있을 거라는 엉뚱한 발상을 해본다.

이 풍진 세상 〈희망가〉가 다독이네

전시 비상시국이 이보다 더 무섭고 치열할까. 보이지도 않고 소리 없이 침투하는 적과의 싸움으로 전 세계인이 떨고 있다. 계절은 어김없이 봄이건만 춘래불사춘, 봄 냄새가 나지 않는다. 봄의 전령사인 벚꽃 망울마다에도 인고의 흔적들 아롱아롱 매달고 있지만 꽃을 바라보는 시선들은 멍하니 맥이 빠져있다. 을씨년스레 부는 꽃샘바람만 만발한 꽃가지를 짓궂게 뒤흔들어 댄다. 삼라만상이 기지개를 켤 시기에 사람들은 몸을 잔뜩 사릴 수밖에 없어 서로 먼발치에서 애가 마르다.

카뮈의 소설 《페스트》를 떠올리며 음울한 봄을 바라본다. 북아프리카 항구 오랑은 죽은 쥐가 나타나면서 아비규환으로 변해 간다.

흑사병 바이러스를 품고 있을 이웃에 대한 불신과 나만은 살아야 한다는 절규로 도시는 지옥이 된다. 이 소설이 현실로 다가섰다. 바이러스가 공기를 타고 사람들에게 끼치는 해악이 무시무시함을 실감한다.

이웃 나라인 중국, 우한에서 시작됐다는 코로나 19 바이러스가 지구인들을 공포의 도가니에 몰아놓고 있다. 불행하게도 우리나라도 감염자 수가 만 명 수준에 다다랐고, 급기야 다른 나라에서 한국 사람을 기피하는 단계까지 와버렸다.

전염을 확산시킨 원인은 대구에서 한 종교단체의 집단 모임이 겹치면서 코로나 확진자 수가 대구에 초집중적으로 발생하게 된다. 대구가 코로나19 바이러스에 감염된 사람이 가파르게 증가한 원인이 어이없다. 삭막한 유령도시 대구를 떠올린다. 내 고향 제주는 그나마 다행이라 여기면서도 안타깝기만 하다.

그러나 대구 시민들은 의연했단다. 우리가 흔히 하는 말 중에 사람의 인격은 어려움을 당해 봐야 가늠하게 된다고 한다. 이제껏 겪어보지 못한 극한 상황 아래서도 대구 시민들 각자의 인격이 뭉쳐 도시의 품격을 높이고 있다고 매스컴은 전한다.

대구시는 우한에서 처음 발병할 당시와 같은 양상을 보일 때, 시민들은 탈출 대신 대구를 벗어나지 않는 '자발적 봉쇄'를 선택했다. 자기희생적인 선택으로 공동체를 보호하는 쪽으로 움직였다. 현실은 암울하지만 희망의 메시지가 넘치는 뉴스다. 이 풍진 세상에 희망가가 잔잔히 흐른다.

요즈음 한 티브이 채널에서 방영되는 '미스터 트롯'을 매주 시청했다. 시청률이 30%대를 넘고 있으니 한밤중에 티브이 앞에 앉아 본 적이 없는 나도 자정을 넘기면서까지 시청하지 않을 수 없었다. 십 대 초반인 트롯 신동이 부른 〈이 풍진 세상〉과 〈희망가〉 두어 구절이 심금을 울려 버려서다. 가사와 음률이 지금도 마음안에 가득하다. 두 곡조에 담겨있는 메시지가 어려운 현실에 응원가인 듯하다.

코로나19 바이러스가 창궐하여 이 풍진 세상이지만 조용조용 숨쉬고 있는 도시, 대구에 희망가가 울려 퍼지길 기원한다.

4 부

발자국이 말했다

제주신화에서는 여신들이 중심에 있다. 제주의 독특하고 고유한 신화 속에는 남성 신은 들러리에 불과하게 한다. 또한 열악한 풍토에서 역경의 삶을 살아온 제주 여인들의 강인함과 지혜로움을 나타내 주는 대목들이 적지 않다.

발자국이 말했다

발자국이 말했다. 글제가 독특해서 눈길을 끌어당긴다. 약 300만 년 전, 한 사람의 남성 뒤를 여성 세 명이 뒤따르는 일부다처 형태라고 한다. 탄자니아에서 발견된 화석 이야기다.

킬리만자로 웅대한 산 아래 살았을 원시인들의 삶을 그려보다가 불현듯 딴죽 거는 추억에 미소 머문다. 볏이 살찐 맨드라미 꽃처럼 붉고 우람한 우리 집 수탉이 기세등등하게 군림했던 모습이 떠올라서다. 집집마다 닭을 놓아기르던 시절이었으니 볏이 자라지 않은 풋내기거나 쪼그라져 볼품없는 이웃의 늙은 수탉은 암탉들 근처에는 얼씬도 못했다. 동네 암탉들도 독불장군 같은 우리 집 수탉의 수청을 거스르는 걸 본 적이 없다.

요놈이 싸고돌던 검붉은 씨암탉이 병아리 탄생을 위해 20여 일을 애쓰며 잠시 둥지에서 내려와 허겁지겁 먹이를 찾아다녀도 나 몰라라 했다. 일부다처의 수컷은 종족번식을 위한 씨 뿌리기만 열심일 뿐 육아에는 냉정한가. 알을 품지 않을 때는 먹이를 콕콕 찍어주며 선심을 썼고 수시로 등에 올라타서 '꼬오옥' 제 볼일 보고 푸드덕 날개를 털며 호기까지 부려대는 능청이더라니. 그에 맞서 알을 품을 때는 냉정하던 수컷이 미울 만도 한데 부르르 몸을 털며 화답하는 암탉의 행태도 때론 몰래 얼굴 붉히게 했다. 사유의 씨앗들이 마구잡이로 자라던 소녀 적 이야기다.

그 시절, 우리 동네는 일부다처 가정이 많았다. 평생 방앗간을 경영하셨던 외할아버지도 연분을 쌓은 여인이 다섯 손가락을 넘겼다. 결혼을 하고 보니 시가도 만만치 않았다. 일본을 들락날락하셨던 조부님도 할머니가 세 분이었다. 제주는 4 · 3사건으로 중산간 마을엔 남정네들의 씨가 말라버렸다고 할 정도였으니 곳간에 양식이 좀 있어서 베풀 여력이 있는 남정네들은 여러 여인을 식솔로 두어 거두는 걸 덕이라 여겼을까.

어머니를 낳은 외할머니는 둘째 부인이었는데 외할아버지에게 조금도 의지하지 않고 홀로 삶을 개척하셨다. 작은할머니들도 자식 한 둘을 키우며 홀로 사셨다. 큰집에 비비적거리거나 큰할머니와 다툼을 본 적이 없다.

외할아버지와 조부님, 두 분의 생전 행적을 '알을 품은 암탉을 본

체 만 체 외면했던 수탉처럼'이라고 빗대려는 건 결코 아니다. 제주섬에서 태어난 여인들은 자립심이 강했다는 것을 말하고 싶을 따름이다.

탄자니아에서 발견된 발자국 화석이 보여 준 것처럼 올설에도 할아버님이 앞장서고 뒤에 세 할머니가 따라오시겠지. 아니면, 억척으로 사신 제주 태생 할머님들이니 할아버님을 부축해서 오실지도 모를 일이다.

종부인 나는 –선조의 걸어온 발자취를 잘 받들고 제사도 정성껏 모셔야 도리인 것.– 기제사와 명절에는 제기 숫자를 잘 세어야만 한다. 한 상 가득 메와 갱이 일렬종대를 이루기에 미리 챙겨야 하는 중요한 일 중 하나다. 집안에 어른은 한 분도 계시지 않지만 흠향하러 오시는 조부모님 제사상엔 어르신들로 다복하기 때문이다. 어려운 시절, 혼자 사시는 여인들의 신변과 끼니 걱정을 덜어 줬던 호기로 이번 설에도 도포 자락 휘두르시며 '다들 모여라.' 하여 뒤따르게 하실 게다. 매 기일이나 명절 때면 할머님들 거느리고 강림하시는 할아버님을 살아계셨을 때처럼 기염만장하시게 하려니 올해도 명절을 쇠기도 전에 어깨가 뻐근해 온다.

제주의 여신들도 일부다처의 환경에서 서로 용서하고 사이좋게 지냈다. 서귀포 본향당에는 지아비인 보름웃도와 자매이면서 시앗 사이인 고산국과 지산국을 모신 당이 있다. 보름웃도는 고산국을 아내로 맞았지만 지아비는 처제인 지산국과 사랑의 줄행랑을 친다. 이에 고산국은 환경에 굴하지 않고 자식들을 다 성장시킨 후 남편을 고이 거둬들여 동생 지산국과 사이좋게 공생관계를 유지한다는 신화다.

농경의 신, 자청비도 서천꽃밭 막내딸을 집안에 맞아들여 문도령과 더불어 사랑을 양분하며 지낸다. 일부다처를 여신이 앞장서서 용인하며 이끌고 있는 것이다. 제주도에 풍습으로 내려오던 일부다처제의 전통을 죄악시하지 않고 너그럽게 대처한 데는 이런 신화들이 한몫했을 법도 하다. 이에 제주의 여신들을 관용의 신이요, 보살핌의 신으로 대접하나 보다.

제주신화에서는 여신들이 중심에 있다. 제주의 독특하고 고유한 신화 속에는 남성 신은 들러리에 불과하게 한다. 또한 열악한 풍토에서 역경의 삶을 살아온 제주 여인들의 강인함과 지혜로움을 나타내주는 대목들이 적지 않다. 조선시대의 영향 때문이라지만 근대에 들어 심화되다가 일제강점기 때 극도에 다다랐다는 남존여비 사상도 제주 여인들의 강건한 생활력 앞에는 맥을 못 추었다지 않은가. 그에 일조한 바탕은 일만팔천의 제주 여인 설화라 말한다.

아득한 시절 같지만 반세기 전의 삶과 신화 사이를 들락거리며 일부다처의 애환을 곱씹어 보았다. 여신들의 활약이 두드러진 섬답게 제주에서는 여자를 우주의 큰 근본으로 여겼음이 자랑스럽다. 어려운 환경이었지만 남성들에게 굴하지 않고 자아 강하게 살아온 우리 어머님들이 자랑스럽다. '여인천하지대본'의 땅이다.

신문기사 한 토막이 제주 아낙네 발걸음을 우쭐거리게 한다.

시간의 두 얼굴

청량한 9월은 음미할 여유도 없이 가버렸다. 그러나 시간의 흐름이 고맙다. 한 달간, 시간이 무거운 짐들을 다 해결해 주었기 때문이다. 몸은 만신창이로 축 늘어져 버렸지만 마음은 홀가분하다. 두 형제 내외만 10여 기의 선산에 벌초를 했고 추석과 두 번의 기제사를 치르니 10월도 중반이다. 아이러니하게도 힘겹던 일상을 시간이 갖고 가버려서 마냥 후련한데 한편으로는 좋은 계절이 쏜살같이 흘러버려 아쉽다. 시간의 두 얼굴이 나를 빤히 쳐다본다.

인간은 하루도 시간의 개념을 떠난 일상은 상상할 수 없다. 시간의 흐름은 절대적이다. 그러나 상대적 잣대로는 펼치기도 하고 좁히기도 한다. 그리스 신화에도 절대적 시간의 신인 크로노스와 상대적 시간의 신이자 기회의 신인 카이로스가 존재한다.

절대적 시간의 신, 크로노스는 배척의 속성을 지니며 살아가는 것들의 생명을 어김없이 앗아간다. 크로노스의 오른손에 쥔 모래시계가 멈추지 않는 한 어김없다.

상대적 시간은 현재를 살면서도 타임머신을 등장시켜 과거와 미래로 시간여행과 시간 상상을 할 수 있다. 그러기에 상대적 시간의 신인 카이로스는 무척 재미있는 형상이다. 여유로운 면과 함께 지조가 강하긴 해도 위트가 넘친 모습이다. 우선 그의 머리를 보면 앞머리는 무성한데, 뒷머리는 머리털이 하나도 없는 대머리이다. 그리고 그의 어깨와 양 발에는 날개가 달려 있다. 손에는 저울과 칼도 들고 있다. 기묘한 형상이지만 뜻은 깊다. 앞머리가 무성한 이유는 사람들로 하여금 카이로스가 누구인지 금방 알아차리지 못하게 하고, 그를 발견했을 때는 쉽게 붙잡을 수 있도록 배려함이다. 뒷머리가 대머리인 이유는 그가 지나가고 나면 다시는 붙잡지 못하게 한다. 어깨와 발에 날개가 달린 이유는 최대한 빨리 사라지기 위해서다. 손에 잡은 저울과 칼은 기회가 있을 때는 저울같이 정확히 판단해야 하며 잡을 것인가 말 것인가를 칼과 같이 빠르게 결단하라는 암시의 의미인 게다.

기회는 놓치면 좀처럼 다시 오지 않는다는 걸, 주지시키는데 이외에 무슨 말을 보탤까 싶다. 시간의 포착을 형상화한 모습을 보며 다시금 감탄한다. 이때가 기회다, 생각하는 순간 평소와는 달리 시간은 순식간에 흘러버려 아쉬웠던 경험을 떠올리니 머리가 절로 끄덕여진다.

세계는 여삼추의 시간을 요하는 일이 항다반사로 벌어지고 있다. 우리나라도 지금 국내외적으로 복잡다단한 정세에 휘몰리고 있다. 남과 북이 커다란 기로에 서 있다. 이때가 기회의 신 카이로스의 칼과 저울이 필요한 때라고 본다. 빠르게 결단하되 정확히 판단해야 한다. 너 나를 위한 한민족끼리 결속, 이에 더 뭣이 소중할까.

오페라로 출렁이는 가을

살찐 햇살이 나들이 옷차림을 가볍게 한다. 시월 중순, 산굼부리에는 관광객들이 갈바람에 신난 억새 무리와 함께 출렁인다. 설레발 치는 바람에 떼밀리며 능선을 돌아 분화구 앞에 다다랐다.

전에는 보지 못했던 풍광에 눈이 번쩍 뜨인다. 거대한 굼부리를 무대로 가을의 향연이 펼쳐지고 있다. 자연이 베푼 수려한 오페라하우스다. 10만 년 전, 자연이 빚어낸 웅대한 무대가 경이롭다. 태곳적 신비를 품은 분화구 바닥은 계절의 색감으로 어우러져 양탄자처럼 포근하다. 바탕은 농익은 초록이다. 도예 장인의 손길로 빚은 듯 부드러우면서도 유연하다. 원형으로 휘도는 바람벽은 계절이 짙어 전설을 품은 듯 장엄하다. 사람들의 접근을 막아온 터라 텅 비어 있건만 가을 무대가 오페라 울림으로 충만하다. 삼라만상의 소리와 몸짓과 온갖 풍광이 눈 맛을 잡아 끈다. 창창한 하늘과 청청한 숲을 우러르며 감상하니 더없이 안온하다. 지붕은 허공에 구름 한 점으로 둥실 떠있다.

굼부리는 화산체의 분화구를 이르는 제주어다. 우리나라에서 전형적인 화구로 마르(maar)형이라 모양이 진기하다. 바닥만도 축구장 네 개 넓이란다. 100여 미터 깊이의 원추형 절벽이지만 워낙 넓어 낮은 평지 형태로 반반하게 생성되어 있다. 화산 활동 시, 용암을 거의 분출하지 않고 폭발하며 구멍만 깊숙이 파여 '산이 구멍 난 부리'로 풀이하기도 한다.

산굼부리 능선에는 억새 군락이 무대가 되어 관객들을 끌어 모은다. 한철 가설무대인 여기는 때를 맞아 무척 활기차다. 주인공인 억새가 언덕배기마다 찾아가는 무대를 연출하며 관객 눈길 따라 춤사위 한판을 벌인다. 가히 역동적이다. 억새의 유혹에 팔랑개비처럼 나대는 관객은 굼부리에서 펼치는 웅장한 오페라는 놓칠 듯하다. 억새 늪에 빠져 환호하며 헤어 나오지 못한다. 가족끼리 가을 나들이 나온 이들이 왁자지껄하다. 파도처럼 출렁이는 억새의 군무에 반해 어느 젊은 아빠는 아이를 무동 태운 채 억새 숲에서 파도타기 한다. 아이는 하얀 파도 위 인어가 되어 파란 하늘로 팔딱팔딱 자맥질하며 깔깔거린다. 나도 호오잇! 숨비소리 내지르며 파도치는 억새 물결에 빠지고 싶다.

어떤 이는 홀로 연극에 빠져 있다. 찾아가는 무대의 주인공이 되어 끝없이 이어진 억새의 노랫소리와 은빛 춤사위를 영상에 담느라 골똘하다. 계절의 향취를 그림첩에 담을 요량인가 보다. 아마 가을날 추억이라는 이름으로 고이 저장하겠지.

오늘은 선들바람 불어 좋은 날, 가극 무대를 빛내는 억새꽃이 노래하듯이 가락을 타며 춤을 춘다. 잎사귀도 일제히 경쾌한 리듬으로 일렁이며 하모니를 이룬다. 방금 얼굴을 내민 꽃도 함초롬히 물기 머금은 꽃대를 살랑이며 연보랏빛 웃음으로 관객을 반긴다. 태어나면서 백발일지언정 햇빛과 바람의 인사에 손 모아 감사드리는 모습도 오페라로 승화한다. 숭고하다.

풍성한 가을을 맞기까지는 뿌리까지 타들어 갈 듯 목마른 시간과 천둥번개 후려치던 곤고한 날을 견딘 결과이련만, 삶의 한 과정이었다며 지금을 즐기자고 모두에게 손 내민다. 관객이 손에 손을 잡고 줄을 잇는다. 그들에게 맞는 시간과, 발걸음과, 눈높이에 맞춘 억새의 연희는 이 가을 내내 이어지리라.

어느덧 인생의 가을에 접어들어 서리 허연 머리를 감추기에 바빴던 나, 늘 눌러썼던 벙거지를 벗어던졌다. 머리칼이 제 세상을 만난 듯 억새꽃 따라 바람에 활활 나부낀다.

오페라 출렁이는 서녘 능선 너머로 산 그림자가 내려온다. 노을이 등마루를 물들인다. 억새와 백발홍안으로 동화된 나. 다시 오지 않을 이 가을, 내 노티가 서럽지 않은 날이다.

올림픽은 세계인의 축제

'2018 동계올림픽'이 평창에서 열린다. 얼마나 염원하며 기다리던 시간들인가.

평창 동계올림픽 성화 봉송 주제가인 〈모두를 빛나게 하는 불꽃〉의 가사 내용처럼 우리 안에 감춰진 수많은 열정이 발산되어 세계인의 마음안에 빛나기를 염원한다.

이번에 사용될 로고는 하늘, 땅, 사람을 결합시켜 만든 과학적이며 철학적인 글자다. 한글의 우수성을 살려 '평창'의 초성, 'ㅍ'과 'ㅊ'을 사용했다. 'ㅍ'은 동양의 천지인 사상을 의미하고, 'ㅊ'은 눈과 얼음에서 선수들과 지구촌 사람들이 함께하는 화합의 의미가 두드러진다.

88올림픽, 2002월드컵, 2011년 대구세계육상선수권대회, 2018 평창올림픽까지 치르면 우리는 세계 4대 스포츠를 치른 여섯 번째 나라로 부상한다. 대한의 국민으로서 어깨가 으쓱하건만, 2018 평창 동계올림픽은 유독 논란이 뜨겁다. 개회식에서 한반도 기를 들고 남북한 선수단의 공동 입장하기 때문이다.

국제 종합대회에서 남북이 공동 입장한 건 모두 아홉 차례다. 이번에도 '평창, 평화 올림픽'이란 슬로건 아래 세계인을 향하여 한반도의 평화를 다짐하는 자리를 마련했다고 보는데 평창이 아닌, 평양 올림픽 운운하며 논쟁들이 격렬하다. 세계적인 스포츠 행사를 앞두고 나라의 안정을 염려해야 할 정치가에서조차 이에 동조하는 모습이 눈에 거슬린다. 세계적인 경기를 즐기고 싶은 다수의 국민들에게 찬물을 끼얹는다. "꼭뒤에 부은 물, 뒤꿈치에 내린다."는 속담을 떠올리며 마음이 시리다.

올림픽 정신은 평화, 친선, 도약으로 압축한다. 평화는 전쟁이 없는 상태가 아니라, 전쟁이 일어나지 않도록 힘을 키우고 동맹을 형성하여 안전 수단을 강구하는 데 있다. 인류는 사냥꾼 유전자가 남아 있어 싸움 본성이 있다고 한다. 스포츠 게임은 룰 안에서 치열하게 겨뤄 승자와 패자를 가리며 인간 본성을 표출한다고 하겠다.

두 번째는 친선이다. 인류는 친선을 위해서 놀이문화를 만들었다. 운동은 즐거움과 친선을 지향하기 때문이다. 근대 올림픽 창시자인 쿠베르탱도 운동을 통해서 서로 친해지면 전쟁이 사라질 거라고 했다.

세 번째인 도약은 보다 빨리, 보다 높이, 보다 멀리라는 올림픽 정신의 핵심이 들어 있다. 새로운 기록 경신에 도전하고 건전한 인성과 풍요로움을 향한 선의의 경쟁을 표방함이리라.

우리나라의 수장도 올림픽 정신에 준한 정치로 나라를 이끌어 주었으면 한다. 리더는 나라의 평화를 위해 투신해야 한다. 리더는 적대감을 이해와 화합으로 전환시켜 국가 간, 민족 간, 친선을 위해 온 힘을 기울여야 한다. 리더는 나라의 도약을 위해 역량을 모아야 함은 자명하다.

세계인의 축제인 동계올림픽 기간 중, 설 명절이 들어 있다. 설날은 새로운 1년이 시작되는 신성한 기간이다. 평창 동계올림픽의 성공을 빌며 올 한 해, 대한민국의 운이 상승하기를 기원한다.

이젠 말할 수 있어서 좋다

4월의 막바지다. 봄은 내달리기만 하는 말 잔등이에 얹어 오는가. 왔는가 했는데 저만치 가버렸다. 그래도 매암 돌리는 아지랑이가 잽싼 봄을 잡아 주춤거리게 한다.

쏜살같은 게 계절만은 아닌 성싶다. 시대의 흐름도 유유한 것 같지만 뒤돌아보면 광풍이 휩쓸고 간 후인 듯 어느 사이에 시대가 돌변해 있다.

칠십 년이 지났지만 4 · 3을 겪은 이들이 지금도 분통을 터트리는 건, 연좌제란 사슬이다. 얼마 전까지도 죽음으로도 씻지 못할 영원한 죄인이란 멍에였다. 그에 묶이면 공무원직은 물론 일반 기업체에도 취업이 제한돼 있었으며, 각종 불이익이 따랐다. 가족에게 대

물림으로 제재가 유지되는 악법 중의 악법이라 쉬쉬하며 얼마나 마음 졸였나. 제주의 어르신들은 이젠 너나없이 시시비비할 수 있어서 좋단다.

중산간이 시가인 나는 결혼하고 몇 년 간은 고향 내려가는 길에 서면 마음이 무거웠다. 타지방에서 살았기 때문에 일 년에 몇 번 나들이지만, 축축한 적막감에 가슴이 답답했다. 식구들은 얼마나 과묵했는지, 오죽했으면 남편에게 시집 식구들은 말 안 하기 대회라도 하는 것 같다고 투덜거렸을까. 고향에 내려와서 명절 음식을 차리다가 20대에 돌아가신 아버님과 숙부님에 관한 집안 내력을 여쭤 보는 중에 시어머니의 벼락 같은 되받음에 기겁을 한 적이 있다.

"속솜 허라."

싸늘한 한마디는 서릿발이었다. 이후로는 아버님과 숙부님의 생사는 불문율이라 여기며 지냈다. 돌아가신 두 분이 큰 잘못을 했을지도 모른다는 막연한 두려움도 있었다. 숨겨놓은 사연이 있어서 알려지면 감쪽같이 잡혀가기라도 할 것 같은 분위기였다.

시할머니와 시어머니 두 분만 사시는 집은 늘 침울했다. 십여 년이 흘러 고향에 정착한 후, 남편이 조심스럽게 전후사를 말해 준 후에야 말없는 할머님과 무뚝뚝한 시어머니를 이해했다.

우리 집에도 4 · 3은 풍비박산을 몰고 왔다. 스무 살 숙모님은 결혼한 지 두 달 만에 뱃속에 유복자를 품은 채 홀로 됐고 스물네 살 시어머니와 네 살과 한 살인 두 아들, 그리고 조모님만 남겨놓았다.

깊은 산간 마을일수록 무법천지로 휘두르며 쑥대밭을 만들었던 암울한 시절, 생과부니 청상과부니 하며 설움을 호소하는 것조차도 죄스러운 시절이었으리.

그러나 세상은 빠르게 변하고 있다. 우리도 변해야 한다.〈황무지〉 작가 T.S. 엘리엣이 읊은 잔인한 4월에 "죽은 땅에서 라일락을 키워내고 기억과 욕망을 뒤섞고 봄비로 잠든 뿌리를 뒤흔들어" 바로 세워야 한다.

제주 4 · 3은 오래전 이야기가 아니다. 인간 대 인간으로 잘못은 인정하고 받아들여 올바로 다듬어 세워야 할 현재 진행형 이야기다.

인조인간 가라사대

일본의 한 사찰에 로봇 부처가 출현했다. 인공지능 관음보살의 법명은 '마인더'다. 인조인간을 석가모니불로도 지극히 모시고 받드는 세상이다. 4차 산업 기술혁명시대에 큰 뉴스거리는 아니지만 법회를 관장하고 있는 모습이 새롭게 다가온다.

그 로봇 석가모니불이 '인간이란 무엇인가'를 화두로 삼은 첫 법회는 '인간에게는 서로 공감하는 힘이 있다.'는 가르침이라고 한다. 참관하고 있는 스님과 신도들은 면전이라 공감대를 이루는가. 진지하게 절하며 염불에 열중이다. 발끝까지 전선줄이 엉켜 있는 로봇을 바라보며 듣는 설법이 얼마나 마음에 와 닿을까. 로봇 부처를 상단에 모시고 오체투지하는 모습을 미디어로 보면서 불성이 이는 건

고사하고 객쩍기만 하다.

법당에서 로봇 부처는 눈에 달린 카메라로 오가는 사람에게 합장하며 맞아들이기까지 한다. 사람을 보면 눈을 깜빡이며 팔다리 움직임이 활발하다. 판단하는 능력이 있는 듯해서 이성적인 맛은 난다. 로봇이라고 진리의 발견자인 화신불로 현현하지 말란 법은 없으리라.

인간은 우주 안에 생명이 있는 존재 중 감성이 제일 으뜸이라 호모사피엔스이다. 사고하고 이해하고 판단하는 능력이 탁월하여 문명은 한없이 발전하고 있다. 이렇듯 인간이 생각하는 힘이 모이고 모인 원자가 뭉쳐 탄생된 로봇의 불도에 교감이 된다, 안 된다. 운운하는 나야말로 시대에 뒤떨어진 건 아닌지 마음이 옹색해진다.

부처님은 인류의 구원과 교화를 위해 다양한 모습으로 우리에게 온다고 했다. 법정 스님도 살아 계실 적에 나무도 보살승이요, 종이도 보살승, 꽃도 보살 되어 인간을 교화한다고 하며 풀 한 포기도 허투루 여기지 않으셨다. 불교에서는 세상에 있는 존재는 반드시 그것이 생겨난 원인인 인因과 조건인 연緣의 법칙인 연기법에 의해 생겨난다고 가르친다.

인간이 종교에 매달리는 것도 신이란 초월적인 힘을 믿고 의지함으로써 마음의 안정과 평화를 얻고자 함이다. 경험이나 능력으로는 설명할 수 없는 갖가지 문제가 시시때때로 들이닥친다. 그 가운데 근본적인 문제를 절대자에게 의지하여 해결하려는 것이 종교이다.

신들의 출현도 인간의 지적 수준이나 사회적인 발전과 같이하여 그 성격이 발양되고 진화된다고 하지 않는가. 과학과 신화의 조화를 연기법으로 해석해 보면 인간이 인공지능을 가진 로봇을 만든 것도 21세기와 때를 맞춘 신의 계시인지도 모를 일이다. 인공지능으로 하여금 부처의 반열에 로봇을 올려서 우리로 하여금 '인간이란 무엇인가.'를 반문하게 하며 선도자 역할을 하려는 건 아닐까.

얼마 전, 인공지능 전문가들의 설문조사에서 인공지능 윤리 문제의 심각성을 거론하며 특정한 종교적 입장이 프로그램화되는 것을 염려하는 기사를 본 적이 있다. 언젠가는 우리가 떠받드는 성인들의 사상을 인공지능 로봇에게 학습시켜 전도용으로 개발하는 날이 멀지 않았음을 예견하게 한다. 종교적으로 철저하게 기획된 로봇이 사람들을 전도하는 모습을 상상하니 주객이 전도되어 가는 느낌에 소스라친다.

7, 8년 전에 영상으로 접했던 로봇 부처를 떠올려 본다. 불성을 가진 로봇의 이야기다. '천상의 피조물'이라는 제목이다. 그때는 생소하여 먼 훗날에 일어날 수도 있는 일이라고 예견했는데 지금, 로봇 부처가 직접 절에서 법회를 관장하는 현장을 보게 되는 시대다.

어느 절에 법당 청소나 시키려고 구입한 로봇이 스스로 깨달아 수행의 길을 닦다가 열반에 드는 이야기로 구성되어 있다. 한낱 청소 도구일 수도 있는 무정물인 로봇이 불도를 터득하여 진리를 깨우치며 사람들에게 주목을 받게 된다. 불성이 높은 경지에 이르러 인성이란 법명까지 받는다. 수행을 하고, 깨달음을 나누며, 완벽한 스님으로서의 면모를 보이는 로봇 부처인 인성을 사람들은 존경해 마지않는다. 사람이 만든 기계가 드디어 사람의 지적 수준을 뛰어 넘는다. 이에 인공지능 기업의 수리기사가 위험을 느껴 제거하려 한다.

득도한 로봇은 자신을 해하려는 이에게 삶과 죽음은 인과 연의 법인 공空이라 설하며 스스로 모든 전열선의 작동을 멈추고 조용히 열반에 든다. 로봇은 이성을 가진 인간보다 더 숭고하게 영원히 부처의 길로 간 것이다. 이 장면을 보면서 "사람은 이성을 지녔으므로 다른 존재보다 우월하다."는 어느 성인의 말을 떠올리며 가슴 한복판이 횅하다.

인간은 편의를 위해 로봇을 창조해 냈다. 우리의 손과 발이 된 인공지능 로봇, 우리가 만들어 놓고 우리의 영역이 역습당할지도 모른다며 두려워하고 있는 세상이다.

세계적으로 유명한 이론 물리학자 스티븐 호킹은 인공지능 때문에 인류가 자멸할 위험에 처해 있다고 경고했다. 아직은 약한 인공지능이라 자아나 정신이 없고 스스로 생각하고 결정하는 의지가 없는 기계에 불과하다지만 독립적으로 존재하는 큰 인공지능 능력을 가진다면 인류의 멸망은 피할 수 없다는 이론을 펼친다. 안드로이드에 의해 지구 밖으로 내쫓김 당할 수도 있다는 경고이리라. 다만, 인공지능 로봇으로부터 제압당하지 않고 이 지구를 끝까지 지켜내려면 생존력을 무궁무진으로 발휘할 능력을 가진 인간의 창의력이 아닐까. 인공지능이 스스로 인공 지혜를 발휘하기는 불가능하니까.

어차피 4차원 시대를 우리가 만들었으니 인공지능 기계와 서로 조화를 이뤄 나가되 인간성의 본질을 잃지 말아야 한다. 아름다운 행성, 지구에서 대대손손 삶을 누리려면 인간다움을 굳건히 지니는 게 만물의 영장인 지구의 주인으로 살 자격이 있음이리.

로봇 부처가 한마디한다. "우리도 우리의 행동반경이나 갈 길을 알지 못해요. 당신들이 걷는 업보를 보며 따라가고 있을 뿐."

즐거운 사라는 가고 없다

마광수 교수는 이제 세상에 없다. 사라의 죽음으로 소설의 종말을 내렸듯이 그의 삶도 스스로 결정하여 끝을 맺어버렸다. 세간에서는 막상 떠나 버리니 앞다퉈가며 이야기들을 쏟아낸다. 자살을 두고 사회적 타살을 시켰다고 하는 이도 있다. 애도의 목소리 중에는 시대를 앞서간 고인의 문학세계를 인정해주지 않은 세상에 분노감을 표출한 글을 올리기도 한다. 어느 문학평론가는 "마 교수처럼 솔직하게 자신의 문학세계를 펼친 작가는 보기 드물다. 사회 경직성 때문에 소외되고 따돌림당했다는 점에서 사회가 그를 불운하게 했다."라고 평하며 독특한 천재 작가를 잃은 걸 애석해 했다.

《가자 장미여관으로》와 《나는 야한 여자가 좋다》는 마 교수를 띄

워준 베스트셀러였는데 《즐거운 사라》는 그의 인생을 수렁에 빠뜨리게 해 버렸다. 소설 속, 사라의 헤픈 성적 묘사가 작가의 몸과 영혼을 묶어 가두어 버린 꼴이다. 사라가 원죄를 갖고 태어난 게 아니고 우리가 사회악이라는 죄명을 만들어 올가미를 씌웠다. 문학적으로 이성 간의 섹스 행위 묘사를 암묵적으로 저해당하는 대한민국에서 죽어서도 살아야 할 사라의 죽음은 예상을 고려한 것일지도 모른다. 사람은 태어날 때부터 한 세상 삶에 주어진 각본이 있다면 사라의 인생을 허무하게 만들 때부터 작가도 암울한 앞날을 예견한 것은 아닐까.

그는 사회를 향해 자신의 작품이 문학적 역량으로 이해되길 염원하며 스스럼없이 성의 자유를 외쳐 보았건만, 한국 사회는 용납을 못했다. 자유를 주면 자율이 생긴다는 이치를 곱씹어보게 된다. 마 교수의 작품처럼 성적 묘사가 자유분방한 소설을 대하는 독자는 자신을 지키고 관리해야 할 열쇠와 자물쇠는 갖고 있지 않을까. 어차피 소설은 작가의 상상력을 동원하여 창조한 가공적인 스토리인걸.

미술계에서도 여성이나 남성의 나체를 미술의 소재로 삼는 일이 비일비재하므로 흔하게 감상할 기회를 갖는다. 미의 여신 아프로디테와 사랑의 신 에로스도 아름다운 처녀와 소년의 모습으로 사랑을 나누는 모습이 노골적으로 묘사되어 있지 않은가.

얼마 전, 인도 여행에서 카주라호 에로틱 사원에 본 조각상들의 성애의 모습은 모든 걸 다 드러내어 표현했기에 기억에 또렷하다. 그렇게 노골적이었다. 탑 전체를 힌두의 신들이 남녀가 서로 얽혀 애욕의 상황을 적나라하게 보여주고 있는 조각상이었다. 인도는 금욕주의자인 간디의 나라가 아닌가. 성행위를 예술 조각으로 승화시켜 사원에 탑으로 켜켜이 쌓아놓은 인디라 간디 조상의 의도는 나라 전체에 성문란을 초래하기 위함이었을까.

현대에 와서는 인간 본성의 쾌락과 정신적인 행복의 표본으로 카주라호 성애의 사원을 에로틱 문화유산의 최고 진수로 꼽는다지 않는가. 마 작가가 픽션으로 쓴 성적 표현과 그림과 조각으로 직접 내보이는 성애의 장면이 다른 게 무얼까. 새삼 생각하게 한다.

마 작가는 성이란 신이 인간에게 내린 축복 중의 축복이요, 인간이 마땅히 쾌락으로 누릴 자유를 갖고 있는 행복추구의 한 행태라고 역설하며 작품 활동을 했다. 설혹 부부 사이가 아닐지라도 남녀 간의 사랑 표현 등은 그 개인의 인권 문제이지 않을까. 남녀 사이 성애의 표현을 죄의식과 연결시켜 생각하는 사고방식은 모순이라고 하면서 굽힘 없었던 천재 작가는 이제 가버리고 없다. 비록 생을 다하지 못하고 생을 마감하는 결단을 내린 게 서운하지만 유작이 탄생될 거라니 위안을 준다.

마 작가시여. 세상이 외면해 버려서 떠났다고 생각지 말아주시길. 어차피 인생이란 혼자 왔다 혼자 가야 하는 것. 부디 영혼이 자유로운 곳에서 마음껏 건필하며 행복하시라.

집

1.

내 집이 70대 중반에 접어들었다. 나와 같이한 지도 어언 45년이 흘렀다. 세월 이기는 장사 없다더니 한 해가 다르게 기둥이 부실해 간다. 입구도 걸핏하면 빠지고 흔들려 매년 한두 개씩 수리하는 비용이 만만찮다. 곡차가 집 안팎에 흥건한 날이면 기운은 우렁차도 빛 좋은 개살구다. 집을 받치는 두 기둥은 배를 탄 듯 허우적거린다. 중심에 있는 기둥이 더 가관이다. 줏대 잡을 생각은 고사하고 막무가내로 들이켜는 곡차의 행패에 제 몸 보호한다는 명분인지 꽁무니를 옴짝 사린다.

집 모양새가 나날이 초라해 가는 데는 지붕도 한몫한다. 하얗게 내린 서리는 몇 푼 안 되는 염색약으로 손질하면 되돌릴 수 있지만 가림색일 뿐, 민둥산같이 미어진 지붕 정수리는 어쩔 도리가 없다. 그나마 마루청은 반반해서 트러블 거리를 일으켜도 껄끄렁베처럼 서걱대다 이내 잦아버린다. 사십여 년 같이한 마음자리에는 우툴두툴 옹이가 박여 있다. 군데군데 박인 옹이가 스칠 때마다 손톱 밑 가시같이 아린 흔적이지만 나이테가 결 곱게 보듬어 안고 있어 오고 가는 게 편안하다.

좋은 일이 있을 때나 언짢은 일이 있을 때나 또는 화급한 일이 있을 때도 서로 양지와 음지를 넘나들며 어우르는 곳, 육십 대 중반을 넘긴 늙수그레한 아낙이 저 잘난 양 종횡무진 설치고 다녀도 가탈을 부리지 않는 곳, 무던한 이 집이 나날이 늙어 허술해 가는 게 쓸쓸하다.

2.

인제사거리에서 작은 길로 들어서면 앞가림 대문은 없어도 풍채는 그럴듯한 오래된 이층집이 보인다. 대문이 가로막혀 있지 않으니 들고남에 거리낌이 없는 곳이다. 몇 년 전에 구입한 우리 집이다. 이 집을 사서 들어오게 된 연유는 집을 지어서 살았던 분의 좋은 기억 때문이다. 그분은 여기서 박스를 제작하는 작업을 하면서 매년 설과 추석에 익명으로 동사무소에 쌀 몇 백 포대를 보내며 불우이웃 돕기에 앞장선 분이다.

이십여 년 전 이야기다. 그 시절, 나도 지역 부녀회에서 봉사하던 때라 어려운 이들에게 그분이 성금으로 보내온 쌀을 전달하면 고마운 인사는 내가 다 받았다. 집 앞을 지날 때마다 얼굴도 본 적 없는 그분의 선행을 떠올리곤 했다.

6년 전이다. 여행 가기 하루 전에 아파트를 사겠다고 달려드는 이가 있어 대책도 없이 바로 매도했다. 다음 날, 여행길에 마침 부동산업을 하는 동료와 동행하게 됐다. 전후 사정을 이야기하며 집에 가면 살 집을 구해야 된다고 했더니 그 때 소개해 준 집이 지금 내가 살고 있는 집이다. 익숙한 곳이기도 했지만 원주인의 덕행을 떠올리며 여행 마치고 망설임 없이 바로 계약해 버렸다.

사흘 안에 집을 팔고 사는 속전속결에 타지에 있었던 남편은 혀를 내둘렀다. 대문도 없어서 더 못마땅한 눈치였다. 후에 대문을 만들면 되지 않겠냐고 얼러맞추며 불만을 달랬지만 널찍한 입구라 마당에 주차하기도 용이하여 좋기만 하다. 네댓 가구가 한 울타리 안에 사니 들고남이 편해서 굳이 대문을 달 필요가 없음을 남편도 이젠 안다.

사방으로 빛이 들어와 환한 집, 후덕한 사람이 지었기에 덕을 베풀 여력이 생길 거라는 믿음을 주는 곳, 나의 집이다.

3.

몇 해 전이다. 후배가 내 전화기를 들여다보며 놀렸다.

" 남편인데 다정한 애칭을 써야지 김○○가 뭐예요?"

놀림받고 나니 내가 너무 멋없는 것 같아서 '내 당신'으로 바꾸어 놓은 날이다. 낮에 친구 만나러 간다고 나선 남편을 기다리다 지친 오밤중, '내 당신'의 전화다. 엔간찮게 취한 목소리 저 너머로 다른 사람의 툴툴거리는 소리가 심상치 않은 분위기임을 짐작게 했다.

"어~여여 여보, 우리 집 근처인 것 같은데 우리 집이 안 보여. 택시 기사님이 바꿔 달라고 하네."

전에 살던 아파트 동네를 도는 중이란다. 우리 집 근처로 와 달라 부탁해 놓고 핸드폰 속, '내 당신'을 바로 지워 버렸다. 남편 애칭은 몇 시간 만에 그렇게 사라져 버렸다. 지워버린 자리에 예전대로 이름 석 자 올리기도 싫었다. 제 잠자리도 못 찾는다며 화풀이하듯 '집'이라 툭 써넣었다. 몇 년이 흘렀지만 핸드폰 속, 남편 호칭인 '집'은 무탈하지만 여전히 술자리를 즐기는 남편에게 잔소리는 나날이 늘어간다. 세상만사 태평하니 나만 속 끓일 뿐, 종심을 넘겼는데 더 욕심부려 뭐하냐고 매사가 태평이다. 한술 더 떠서 "지금 가면 어떠리. 인생 칠십 넘겼으니 걱정할 일 무에 있는가."라며 두주불사인 두보처럼 읊조린다.

세상 물정이 맹탕인 남편을 두고 시성 두보를 들먹일 자격은 있나 모르겠다. 두보는 말술도 사양 않았다지만 늘 부인과 함께했고, 잠시라도 떨어져 있게 되면 처자의 신상을 염려하여 애정이 넘치는 시를 지었다고 한다. 내 남편은 나를 위한 시 한 수는 고사하고 책

한 권 건네준 적도 없다. 그래도 굼벵이가 구르는 재주는 있다는 말처럼 남편의 전화기에는 낯 간지럽지만 보면 싫지 않은 애칭이 뜬다. 남편이 올린 내 애칭은 '여왕님'이다. 사실, 나처럼 기분에 따라 쉽사리 지워 버리지는 않을 거라는 믿음을 주는 사람이긴 하다.

엊그제 설 명절을 쇠려 며느리가 손자손녀를 데리고 내려왔다. 아들이 하루 먼저 내려온 아내에게 수시로 전화한다. 아기들 씻기느라 바쁜 며느리에게 전화기를 건네면서 얼핏 보니 '세상에서 가장 멋진 내 당신'이라 쓰여 있다. '세상에서 가장 멋진'을 더 보태 제 남편의 애칭을 쓴 며느리가 가상스럽다.

식구들이 모이니 신이 난 여섯 살 손자가 탁자에 있는 천자문을 보며 한껏 목소리를 높인다.

"하늘 천, 땅 지,… 집 우, 집 주."

아! 집이 우주宇宙네. 세상을 포용하는 드넓은 공간이 '집'인 걸 손자를 통해서 새삼 깨우치다니. 인생의 거반을 나와 같이하는 남편의 애칭으로 이보다 더 좋은 말이 어디 있으랴.

내 핸드폰 속 '집'이 벙그레 웃는다.

차 마시러 오세요

끽다래喫茶來. 하루에도 여러 번 눈을 주게 되는 글귀다. 현관에 들어서면 정면으로 보이는 곳이라 시야에서 벗어나는 날이 없다. 티브이가 놓인 거실 벽 위쪽이다. 우리 집을 방문하는 이가 이 문구에 관심을 보일 때는 반가워 차를 대접하는 맛이 특별하다.

동곡 일타 스님의 필체다. 언제 봐도 갓 찍어내린 듯 묵향이 서려 있다. 둥글게 붓끝을 모아 내려 앉힌 글발이 오월 목단화의 위엄과 품위도 지녔다. 지인이 일타 스님으로부터 직접 받은 거라며 건네줬지만 원본인지 아닌지는 중요치 않다. 십여 년 전, 고이 간직하고 싶은 마음에 제일 반반한 자리를 내주며 새 식구로 받아들인 만큼 평생 나와 같이하게 될 것이다.

'끽다래' 하면 차문화연구가이자 다도 보급가로 알려진 금당을 든다. 그는 일본 유학 시절, 일본의 일상적인 차 문화를 접한 이후 다도 생활을 평생의 반려로 삼았다. 30대에는 중국 상하이에 사업 차 머물며 대륙의 차 문화 연구에 골몰하기도 했다. 그 후, 일상생활 속 차 마시기 운동을 이끌며 근 · 현대 한국의 차 문화를 재건하는데 앞장섰던 분이다. 이런 노력이 유명한 차 이야기인 끽다래를 탄생시켰지 않나 싶다. 다도의 예법을 직접 몸으로 겪으며 진리를 파고든 끈질긴 집념이 있어 그를 저명한 차문화연구가로 내세우나 보다.

차에 얽힌 이야기 중, 중국 당나라 때의 선승인 조주선사의 '끽다거喫茶去'에는 유명한 일화가 있다. 조주선사에게 어느 날 제자가 물었다. "우주의 근본은 무엇이며 부처가 세상에 나툰 이유는 무엇입니까?" 조주선사의 한마디, "끽다거" 다른 제자가 가르침을 요청했을 때도 같은 말로 대답했다. "끽다거".

글의 뜻을 온전히 풀어보면 '차 한 잔 마시고 가시게.'이지만 차를 마시며 나를 되돌아보고, 마음의 짐을 내려놓으라는 선사의 깊은 의중을 담은 글귀다. 일화가 있어 그 글의 무게가 묵직하게 다가온다. 그에 반해 끽다래는 '차 한잔 마시러 오시게.'로 풀이하면 무난하겠다. 차 마시러 오시라 청하는 끽다래가 정이 감돌아들어 나는 좋다.

올들어 우악한 풍진이 창궐하여 마주치는 발걸음이 서로 조심스럽다. 거리낌 없이 오가던 평범한 일상이 얼마나 소중한지를 깨우치게 하는 시간들이다.

스스럼없이 '차 한 잔 마시러 오시게.' 할 날이 곧 도래하기를, 두 손 모은다.

5부

어쭈구리

수필이 내 분신 같다가도 방심하면 감쪽같이 뒤돌아서 버린다. 절교 선언하고 매정하게 떠나는 연인처럼 애태운다. 달려가 애걸복걸할 수밖에. 당연히 창작의 산고는 고되다.

어쭈구리

옆에 앉은 친구가 발언하는 중간에 자꾸 끼어들기를 한다. 중등 동창 모임이라 격식에 얽매이지 않은 총회 자리였지만 어수선한 분위기를 참다못해 한마디했다.

"발언권을 얻어 정식으로 발의하시게." 단방치기로 날아온 말, "어~쭈구리! 작가랍시고 문장 쓰네."

주위 시선이 일제히 나에게 쏠렸다. 과격하고 활달한 성격이라 목소리는 좀 큰가. 되받아치려다 상대해서 뭐하랴 싶어 쓴웃음만 짓고 말았다. 비아냥거리며 냉소적인 말로 들려서인가 한참 동안 귓가에 맴돌아 체증 걸린 것마냥 가슴이 답답하고 벌렁거렸다. 어쩌면 내 수필집을 받은 동창들도 본의 아니게 그런 모습으로 보였을까 싶어 그날은 친구들과 대화도 편치 않았다.

두 번째 수필집을 내고 나름 흐뭇해하던 시기였다. 변변찮은 글솜씨 때문에 한계를 느껴 펜을 놓았다 들었다 했었지만 버틴 결과라며 만족하고 있었는데, 글 쓰는 걸 빌미 잡혀 된통 얻어맞은 기분이다. 그 친구에게 건네준 수필집이 천대받을 게 뻔해 보여 속상했다.

'어~쭈구리'란 말맛, 곱씹을수록 쓰디썼다. 뒤이어 따라온 '작가랍시고'란 말맛 또한 맵고 아렸다. 그날, 한 방 얻어맞아 주눅 들게 해 버린 말의 뜻이나 알아보자고 인터넷을 뒤져봤다. 분명 어쭈구리로 쳤는데 어주구리라는 단어가 튀어나온다. 어원이 그럴듯하여 눈길을 바싹 당겼다.

어느 연못에 백조가 날아와 특급 소식이라며 물속 고기들에게 말했다.

"여기서 10리 밖에 위룡소爲龍沼가 있거든. 거기 가기만 하면 물고기도 용이 될 수 있어."

이 말을 들은 물고기들은 당장 그곳에 가서 용이 되고 싶었지만 물 밖으로 나가면 죽음뿐, 불가능한 일이라고 일찌감치 포기했다. 하지만 미꾸라지는 생각이 달랐다. 땅 위에서도 뛸 자신이 있으니 위룡소로 가겠다고 결심한다. 결국 다른 물고기들의 만류에도 불구하고 미꾸라지는 기어이 물 밖으로 뛰쳐나갔다. 구리九里까지는 뛰었으나 끝내 위룡소에 도달하지 못한 채 뒤따라 날아온 백조의 먹이가 되고 만다.

고사성어 어주구리漁走九里 유래다. 분수에 넘치는 일을 저지른 미꾸라지의 어리석음을 예로 들었지만 잘난 체하는 말이나 행동을 비웃거나 비아냥거리는 뜻으로 풀이했다. 감당도 안 되면서 센 척하거나 자존심만 앞세우려 할 때 유효적절한 말이다. '어주구리' 어원이 풍자적 뉘앙스에 더해 앞뒤 스토리가 그럴듯하다. 친구가 난데없이 쏘아대서 서운했는데 글맛에 빠져 버렸다.

한글도 때론 짓궂은 면이 다분하다. 어주구리 어감이 어쭈구리로 바뀐 말맛, 글맛이 능청맞다. 어쭈구리는 말할 때 약간 비꼬듯이 톤을 높여 말하면 효과적이라는 토까지 달아 놓은 게 헛웃음 짓게 한다.

말은 감정과 사유를 담아 소리라는 공명을 통해 상대에게 전달된다. 듣는 이의 느낌에 따라 같은 말이라도 다르게 판단하기에 서로 간 불협화음은 일어날 수밖에 없으리라.

내 주위에서 일어나는 문제가 나로 인한 것이라 자각하기 전에 번번이 남을 원망했던 적을 헤아린다. 내면에 존재하지 않은 것이 외적으로 보일 리 만무하지 않은가.

친구로부터 한방 먹은 말도 시간이 지나니 곰삭아 하물하물해 버리고 어릴 적 여운만 흥건하다. 오랜만에 만난 친구끼리 분위기에 고무되어 스스럼없이 한 말이라고 가벼이 생각해버릴 걸, 속을 끓인 내가 좀스러웠던 게다.

글을 쓴다며 작가라는 허울 좋은 짐을 걸메고 자드락길을 걸어온

지 십여 년이 흘렀다. 인성의 무게가 가벼워 걸머진 어깨의 짐이 걸핏하면 땅에 나뒹군다. 짐바로 문학의 끈을 동여 묶어 봐도 곧잘 빠져나가버려 애먹는다. 수필이 내 분신 같다가도 방심하면 감쪽같이 뒤돌아서 버리기도 한다. 절교 선언하고 뒤도 안 돌아보며 떠나는 연인처럼 애태운다. 달려가 애걸복걸할 수밖에. 그만큼 수필은 내 삶에서 의미가 크다. 당연히 창작의 산고는 고되다. 힘들어도 보람 있는 작업이기에 굴러 떨어지는 시시포스의 바위를 들어올리려 애쓴다.

짧은 시간의 긴 만남인 수필 한 편을 읽는 5분 미만의 짧은 시간에 수필가는 자신이 겪은 일과 생각과 삶의 자양분인 인생을 보여준다. 그만큼 수필은 가장 자전적이고 진솔함이 배어있는 문학이다.

흔히 문학의 길은 상상이라는 쟁기로 우주를 밭갈이하는 농부로 비유되기도 한다. 상상력이라는 농기구로 문학의 밭을 넓혀 나의 농토를 기름지게 만들려면 매사 됨됨이를 부단히 갈고닦아야 하리. 충격으로 다가왔던 '작가랍시고'를 위해서라도 펜을 놓지 말아야 한다. 인간관계를 고르고 매끄럽게 대할 줄 아는 나를 기대하려면.

친구가 한 말, 뒤돌아서 보니 알량한 자존심이 나를 옭아 매였던 거다. 옭매였던 매듭을 풀어헤쳤다. 시원한 바람이 옷섶 사이로 스며든다. 마음의 문을 열어 매무새 단장하고 친구를 만나야겠다.

말맛에 울상을 짓다가 글맛에 웃는 나에게 어쭈구리와 어주구리가 벙싯거린다.

하늘타리의 꿈

운명을 좌지우지하는 데는 삶의 터전이 큰 몫을 한다지요. 그리 보면 나는 행운아입니다. 도시 한가운데를 오가는 다리를 사이에 둔 곳, 우람한 2층 높이 벚나무가 양옆에서 호위하는 옥토가 내 삶터이거든요. 더구나 이곳은 신선이 바둑을 두던 모루라는 전설이 깃든 도심 속 공원이랍니다. 한라산 능선 따라 내린 골짜기가 사방으로 갈린 한 줄기인 산지천이 바다로 이어진 곳이라 태평양이 눈앞에 펼쳐져 있지요. 깊게 내리벋은 가파른 골이지만 폭우가 쏟아질 때가 아니면 건천이라 살아가는 데 전혀 꺼려할 일도 없답니다. 산속이나 덩굴 숲에서 외로이 이리저리 부대끼다 삭아 없어지는 게 태반인 우리 삶인데 난, 억세게 운수 좋은 게지요.

제주도 기후는 우리가 살기 좋은 환경입니다. 산이 이슥한 기슭이나 곶자왈로 우거진 곳이면 우린, 거침없이 자라지요. 귀가 밝은 이들의 말에 의하면 민간약으로 우리를 귀히 여긴다고 하네요. 우리 몸에 있는 성분이 항암작용을 하고 사포닌 성분에 의한 약리 작용이 뛰어나대요. 연륜이 제법 쌓인 우리 엄마도 사람들로부터 여러 번 공격을 당했어요. 괭이 등으로 우리의 삶터가 파헤쳐지기도 했지만 엄마가 그리 만만하다면 이곳에 뿌리를 내리지 못했겠지요. 애초부터 커다란 바윗돌을 사이에 두고 몸을 도사리고 있어 그 누구도 넘보지 못할 거예요.

누군들 고단하지 않은 삶이 없듯이 우리 형제들도 위기를 많이 겪었어요. 가끔 내리치는 폭풍우에 하천 변이 범람할 때는 아찔했거든요. 엄마의 몸이 며칠 동안 물속에 잠길 때면 숨이 멎지 않기를 기도하며 물이 빠지기를 숨죽여 기다리며 견뎠지요. 다행히 이곳은 울퉁불퉁한 고랑창이 많아도 물 흐름이 좋은 곳이긴 해요.

다리 위는 또 얼마나 정갈한지요. 오가는 사람들이 다리 난간에 기대서 집채 같은 벚나무 사이로 아래를 굽어보는 풍경이 그럴듯한 모양입니다. 그들의 눈높이를 위아래로 두고 우리도 조랑조랑 매달려 있거든요. 이들이 잠깐이라도 숨을 내리쉬며 사색하는 데 우리도 일조하고 있다면 좋겠어요.

이런 곳에 뿌리를 두고 있는 엄마가 봄에서 여름까지 우리에게 뿜어 올리는 영양분은 가히 폭발적이랍니다. 넝쿨 줄기의 자람이 사방으로 거미줄 늘어나듯 하니 벚나무 가지 위는 금방 우리들 아지트가 되어 버렸어요. 그 품 안에서 우린 푸르딩딩했던 얼굴을 제주의 귤 못지않게 황금색으로 치장했지요. 엄마가 우리에게 귀에 인이 박이도록 했던 말처럼 감아 오를 거리만 있으면 뻗어오르고 또 오르면서요.

"너희들 목표는 하늘로 오르는 거야. 남보다 한 뼘이라도 높이 더 높이." 올망졸망한 형제들이 다 엄마의 뜻을 받아들이지는 않더라고요. 더러는 고소공포증을 못 이겨 낙과로 삶을 마감해 안타깝고 슬픈 때도 적지 않았어요. 사실 나도 이름값 하라는 당신의 성화 때문에 덩굴에 매달려 무작정 오르다 지쳐 주저앉은 적도 없지 않아요.

한창 아름다움을 뽐낼 이팔청춘에 부푼 꿈을 안고 꽃봉오리를 펼친 날, 내 꽃 모양새가 걸레처럼 너덜거려 실망도 했다니까요. 다리를 건너던 청년이 입에 물었던 담배꽁초를 내 얼굴에 휙 던지고 침을 뱉더라고요. 내 모양이 흉측하니 그런 거라며 자괴감에 빠져 꽃잎도 제대로 펼쳐 보이지 못했지요. 어둠을 기다려 달님, 별님 모르게 잎사귀 사이에 숨어 하얗게 지새운 밤도 많아요.

그래도 날밤 없이 추켜올리는 엄마의 염원 덕분일까요. 밤사이 나방 몇 마리, 슬쩍 꽃잎을 헤집더니 너덜대던 꽃잎이 슬며시 떨어지대요. 내심 후련했어요. 그 며칠 후, 가슴팍이 근질거리며 팔 근육이 불끈 솟아 벚나무 우듬지에 내 몸을 옴쳐 매며 다짐했지요.

"찌무룩한 모습은 이제 내겐 없어. 기어이 하늘로 올라 찬란한 세상을 보고 말 거야."

갈래갈래 찢긴 모습이 싫어 옹졸하게 숨어 지내던 나는 흔적 없이 사라져 버렸지요. 엄마가 건네는 영양분을 욕심껏 받아먹었어요. 하루가 다르게 어른 종주먹같이 당차게 커 가는 내가 신기하고 자랑스러웠어요.

가을이 짙어지면서 내 몸의 탯줄이던 넝쿨이 매정하리만치 금방 시들어 버렸어요. 기세 좋게 뻗어 오르는 우리를 응원하던 엄마의 손길도 계절의 흐름 앞엔 속수무책이었나 봅니다. 겨울 지나고 새봄을 맞으니 얼기설기 얽혔던 넝쿨은 삭아 흔적도 없어요. 나는 벚나무 가지를 단단히 옴켜잡았으니 얼마간은 견딜 수 있겠지요. 몸은 비바람에 부서지고 새에게 시달려 속이 텅 비었어도 나는 아직 포기하지 않았어요. 하늘에 닿을 꿈을 이룰 때까지는 정녕코 버티렵니다. 벚나무를 양옆으로 끼고 있는 다리 위를 밤낮없이 지나는 사람들과 주고받는 눈인사도 내가 버틸 수 있는 힘이라 이 또한 복이지요.

어느새 봄인가 했는데 팝콘 터지듯 벚꽃 봉오리 열리며 주위가 환하게 밝았어요. 요즈음, 이곳은 천국이랍니다. 목숨줄이 끊겨서도 행복을 누릴 수 있는 행운은 이런 때를 이름이 아닐는지요. 내가 너무 떠벌린다고 밉상으로 보지 마셔요. 만발한 벚꽃이 지기 전에 얼른 와서 보시면 아실 거예요. 벚꽃이 오가는 이들 눈높이 아래로 펼쳐진 곳곳에 대롱대롱 매달려 천국의 향내에 취한 우리들의 행복한 모습을요. 하늘나라 천당이 따로 있는 게 아니네요. 요즘 우린 온 천지에 흐드러진 벚꽃과 노느라 신이 나요. 이 봄, 평생 갈망하던 꿈을 톡톡히 누리고 있거든요. 천상의 나라를 찬란히 꾸며준 벚나무가 그저 고맙기만 하네요. 결국, 나를 하늘에 올려놓은 건 엄마였네요.

어느새 대지를 우렁우렁 들쑤시는 사월입니다. 벚나무가지마다 버찌를 매단 잎사귀가 물감 번지듯 돋아 오르네요. 내 하늘이 금세 연녹색으로 흔들립니다. 텅 비어 거죽뿐인 내 몸도 하릴없이 흔들립니다. 벚꽃이 죄다 떨어져 잠시 잠깐에 천국도 흔적 없이 사라져 버렸어요.

폭우 쏟아지며 마파람 휘몰아쳐요. 모지락스레 온몸으로 벚꽃 휘감으며 흩뿌리는 비가 얄밉더니 벚나무 밑둥치를 타고 초록 덩굴 솟아오름이 힘찹니다. 그리운 엄마의 목소리가 가녀린 덩굴 타고 은은히 들리네요.

“하눌타리 내 아가들, 천상에 오른 걸 축하해. 감사하는 마음속에 복이 깃든 거야. 벚나무가 너희 꿈을 펼쳐 준 하늘나라였던 걸 알고 있지.”

하얀 거짓말

애꾸눈 왕이 자신의 모습을 후대에서 남기고 싶어서 전국의 유명 화가들을 불러 모았다. 그들 중에는 아부를 잘하는 이도 있었고 고지식한 이도 있었다. 아부를 잘하는 화가는 왕의 두 눈을 정상처럼 멀쩡하게 그렸고, 고지식한 이는 애꾸눈을 또렷하고 정확하게 그려냈다. 당연히 임금님은 둘의 그림에 퇴짜를 놓으며 거짓으로 그린 이와 정직한 이에게 불호령을 내리며 쫓아냈다.

전자는 보기는 좋지만 가짜라 마음에 안 들었다. 고지식한 화가의 그림은 애꾸눈이 보기 싫어 퇴짜를 놓았다. 그때 소박하지만 융통성이 있는 한 남자가 자신이 한번 그려보겠다고 나섰다. 임금은 마뜩잖았지만 허락했다. 한참 뒤에 그가 그린 초상화를 보던 임금은 손뼉을 치며 좋아했다. 화가는 왕의 눈이 정상인 쪽을 기준 삼아 옆모습을 그렸다. 얼굴의 단점을 잘 감춘 초상화였다. 사진을 찍을 때 흔히 쓰는 방법인 아웃포커스인데, 이건 목표물만 선명하게 나타내고 나머지는 흐릿하게 처리하는 기법이다. 일종의 하얀 거짓이다.

거짓말에도 성질이 있다. 《탈무드》에 보면 경우에 따라서 거짓말을 하는 것이 좋다고 했다. 이미 사버린 물건에 대하여 의견을 물어왔을 때는 비록 그것이 마음에 안 든다고 해도 '훌륭하다'라고 거짓말을 하라는 것이고, 친구가 결혼했을 때는 '미인을 얻으셨군요.'라고 거짓말을 하라는 것이다. 상대방을 위한 괜찮은 하얀 거짓말의 예이며 활기를 북돋아주는 힘이 있다.

우리는 한동안 나라가 휘청할 만큼 정치적으로 시련을 겪었다. 하지만 대한의 국민들은 5월에 의연하게 19대 대통령을 청와대로 입성시켰다. 대통령은 우리 삶에 즉각적이고도 지대한 영향을 미치는 존재다. 대충 선택한 대통령이 아니지 않은가. 이왕 뽑혔으니 '훌륭하게 나라를 다스릴 인물이다.'라는 믿음으로 바라보자. 여느 나라 정상들에 비해 뒤지지 않을 새롭고 진보적인 대통령이길 바라는 마음으로 자신에게 하얀 거짓의 최면을 걸어보자. 왕의 단점을 커버하여 옆모습의 초상화를 그린 소박한 화가처럼 새로운 대통령의 장점을 부각하며 열심히 박수를 보내자.

국민이 믿음과 성원을 보내야 한다. 누굴 뽑더라도 알아서 잘할 사람은 없을 것이다. 알아서 잘하길 기대하는 순간 그는 무능한 대통령으로 전락하고 말 것이다. 그러지 않기 위해서는 주인의식을 가지고 대통령이 나라를 잘 이끌어 갈 수 있도록 도와줘야 한다. 이것이 진정한 주권자의 권리를 위임할 사람을 선택한 우리의 책임이다. 주인인 우리가 부추겨줘야 한다.

버락 오바마는 퇴임하며 이런 말을 남겼다. "여러분이 나를 더 좋은 대통령으로 만들었다."며 국민들을 치하했다. 성공한 대통령의 탄생 여부는 우리 손에 달렸음을 의미함이려니.

애꾸눈 왕의 단점을 감추고 장점을 살려준 화가처럼 우리도 하얀 거짓의 마음에 염원을 담아 우리의 앞날을 이끌 선봉에게 다가서자.

함께해요

《함께해요 일도2동의 꿈》이 며칠 전, 출간되었다. 일도2동 동지의 표제다. 올해 3월 초에 편찬위원으로 합류하여 9개월여의 대장정의 결실이다. 집필을 위한 편집회의를 매주마다 거듭할수록 난관이 가로막았다. 마을이 형성되는 시점부터 현재에 이르기까지 마을의 역사를 엮는 작업이니 만만치 않을 거라는 건, 익히 알고 참여했지만 열정만으로는 해결할 수 없는 능력의 한계에서 좌절을 겪기도 했다.

마을의 역사를 엮어내는 일이 만만치 않음을 참여한 분 모두가 느꼈을 것이다. 그러나 한 장의 기록 사진을 얻기 위하여 골목을 누비다가 흔적만 남아있는 표지석에서 선인들의 손길을 새로이 발견하는 기쁨도 누렸다. 고증을 토대로 동네 어르신들의 자문을 얻으며 새로운 역사를 엮고 있다는 자긍심이 있었기에 끝까지 함께할 수 있었다.

아는 만큼 보인다고 했다. 옛 이름이 신선동神仙洞인 신산모루는 신선이 바둑을 두는 형세다. 신산모루를 끼고 있는 신산공원을 산책할 때는 신선놀음하듯 여유작작하게 거닐어야겠다.

바위 동산 돌을 깨면 하얀색이라 흰머들인 동네 공원 돌이 1970년대, 육지로 대량 반출하여 많이 훼손된 모습은 씁쓸했다. 지명에 뜻이 담겨 있는 방애왓, 두무니머세, 두맹이 동산, 질진밧, 강알왓, 새나끗 등도 옛 자취는 사라져 흔적도 없지만 선조들의 애환이 서린 삶의 터전이고 역사의 자취라 소중했다.

우리 마을 자랑거리가 많지만 최초라는 수식어를 달기에 부끄럽지 않은 세 가지를 열거해 본다. 첫째는 일도 2리 향회당 건립이다. 일도2동 최초의 사무소는 1946년 일도 2구 당시, 전체 주민들의 발의로 향회당을 건립키로 결의하여 건축비 모금에 착수하였다. 그 결과 독지가의 도움도 있었지만 주민들은 보리쌀, 좁쌀을 품고 와서 헌납하며 기금을 충당하였다. 형편이 어려운 가호에서는 공사 현장 부역을 하며 일도 2구 주민의 자력으로 건축했다. 또한 4·3 사건으로 인한 혼란기에 산간 이재민들을 거두어들이면서 고난을 함께 극복하고 평온을 도모하기도 했다.

둘째로는 최초로 만덕 봉사상을 수상한 고수선님을 들겠다. 그녀는 3 · 1 운동 참가를 시작으로 항일운동과 사회사업으로 치열한 삶을 일궜다. 또한 운주당에서 문명퇴치를 위한 한글 강습소, 제주 모자원 운영, 홍익보육원 운영 등을 하며 여권 신장에도 힘을 쏟았다. 그녀의 덕망을 기려보며 두 손 모으게 된다.

셋째는 초창기 일도2동 지역개발사업이다. 일도2동 개발의 첫걸음인 동문로 간선의 기점인 신산모루, 구중 길, 두문이 길을 개설하면서 도로 편입에 수용된 개인 소유의 토지는 소유주가 자원 동의를 했고 순수한 동민의 노력 봉사에 의해 이뤄냈다. 공익을 위해서 몸과 물자를 아끼지 않으며 길을 낸 옛 선조들에게 찬사를 보낸다.

입을 떠난 말은 이내 사라지지만 기록의 유산은 영원하다. 선조들의 살아온 삶의 터전을 이어받아 현재의 모습을 기록으로 남기는 것은 현시대를 살고 있는 우리들의 임무다.

역사는 흘러가는 것이 아니라 채워가는 것, 내가 살고 있는 지역의 발자취를 기록으로 남기는 데 동참한 시간들은 나에게도 역사의 자취다.

환대하는 자연

운 좋은 날이다. 《나무를 심은 사람》이 나에게 손 내밀어 잡아 준다. 머물러도 좋다며 어서 오라 반긴다. 속내를 털어 보라고 방석까지 내준다.

《나무를 심은 사람》은 소설 제목이다. 며칠 전, 인문학 강의를 들을 때 주제로 나왔던 책이다. 프랑스 프로방스 태생인 장 지오노의 작품이다. 우리는 남이 쓴 글이나 이야기를 듣고 보면서 내 삶의 부족한 공간을 채워 간다. 위로받기도 하고, 생각에 잠기게 되고, 나를 변하게도 한다. 강의 내용에 반해서 바로 완독하길 잘했다. 이십 년에 걸쳐 완성했다는 이 소설은 가벼운 분량이지만 읽은 후 느낌은 묵직하다. 내친김에 애니메이션으로 나온 영화도 봤다. 다큐

멘터리를 보는 것같이 현실감을 살려 준다. 마음에 와 닿는 느낌이 배가 된다.

"오시오, 들어오시오, 우리 집이 마음에 들면 머무르시오, 당신 이름을 묻지 않겠소, 어디서 왔고 어디로 가는지도 묻지 않겠소." 주인공인 '부피에'가 처음 보는 작가에게 내보인 언행이다. 우리에게 모든 걸 내주는 자연과 닮았다. 소설의 첫 시작부터 자연 속에 파묻혀 살고 있는 주인공 부피에를 '보기 드문 인격의 소유자'로 표현하며 시선을 빨려 들게 한다.

저자는 부피에 집에서 이틀을 같이 지낸다. 그 후, 반세기 가까이 나무만을 심으며 살아가는 그의 일생을 줄기차게 쫓아다닌다. 양치기 부피에의 자연 사랑을 세상에 알리려는 작가의 사명감이 구절마다 절절히 흐른다.

나무를 마구 베어내 숯을 구워 내다 파는 사람들이 사는 마을에는 살벌하고 부질없는 욕심만 팽배했다. 그들은 숯을 구울 생각으로 서로 질 좋은 나무를 차지하려 경쟁할 뿐, 민둥산으로 변하는 산에 나무를 심을 생각은 하지 않는다. 사람들에 의해 사람들에게 버림받은 땅, 황막하기만 한 고원지대는 나날이 세찬 바람이 신경을 곤두서게 했다. 자살하는 사람들이 늘어만 갔다.

부피에는 사람들이 분별없는 욕망으로 폐허가 된 마을에서 하루도 거르지 않고 백 개의 씨앗을 심으며 어린 나무를 가꾸어 나간다. 한 사람의 헌신적인 노력으로 숲이 다시 살아나고 맑은 강물이 흘러들었다. 새들이 지저귀는 생명의 땅으로 변하니 사람들이 모여들어 삶의 터전을 만든다. 세찬 바람 몰아치던 능선에는 아이들의 웃음소리와 꽃과 나비가 어우러져 꽃바람이 허공에 가득하다. 무뚝뚝하던 원주민들도 꽃 핀 들판에서 웃음꽃 너울거리며 이웃들과 생기 넘치는 삶을 이어간다.

나무를 닮아 가는 부피에와 자연이 서로 신뢰하고 환대하는 모습이 드라마틱하게 펼쳐진다. 기적이란 상식으로는 생각할 수 없는 기이한 일이 벌어질 때라고 한다. 나무를 심는 한 사람의 고결한 행동으로 인해 마을이 변해 가는 모습은 자연이 펼쳐주는 기적의 세계였다.

양치기 노인은 말년에 말하는 것을 잊어버리고 만다. 스스로 나무이고 싶었는지도 모를 일이다. 나무는 말을 안 해도 계절이, 바람이, 별과 달이 어우르며 나무가 하고 싶은 말을 전해주지 않는가. 어떻게 나무들끼리 나누는 참 언어를 사람의 입을 통해 옳게 옮기랴.

평생을 오로지 나무 심는 걸 멈추지 않았던 주인공은 나뭇결 스치는 바람과 이야기하고, 노을에 비친 나무 그림자나 오로라의 여명에 제 모습 내보이는 나무들과 대화하다가 평화롭게 자연으로 회귀한다.

주인공 부피에는 어리석다 할 만큼 고지식했지만 각박한 인간사에 샛별처럼 영롱하게 빛난다. 우직함이 현명함과 지혜의 바탕이라는 역설적인 말이 있다. 옳다고 느끼는 일에 외곬으로 나가는 고지식한 사람들이 있어 아직 세상은 평형을 유지하며 온전한 것인지도 모른다.

우리는 어디에 발 디뎌 살고 있는가. 자연은 모든 생명체를 가리지 않고 품으면서도 그들로부터 당하는 위험을 기꺼이 무릅쓴다. 지성을 가졌다는 인간이 자연 중에 제일 고약한 생물로 비침은 내 중심의 소견일까. 무조건적으로 환대해 주는 자연 위에 주인으로 군림하며 개발이란 명분을 내세워 닦달하고 괴롭히고 파괴한다. 한술 더 떠서 자연과 함께하는 다른 생물들을 무자비하게 없애는 것도 서슴지 않는다. 묵묵히 곁과 속을 다 내주는 자연이 있어 우리의 삶은 영위되고 있음을 크게 깨우쳐야 하리.

지구는 수없는 발전으로 인해 오염되어 가고 있다. 매연, 오존층 파괴, 사막화 현상, 기온 상승 등 자연의 거친 숨소리가 두렵고 무섭다. 초미세먼지의 습격은 일상에 불편을 느낄 정도를 떠나 거대하게 밀려들며 우리의 생명을 위협하고 있다. 다행인 게, 지구의 땅 거의를 차지하고 있는 나무는 밤낮없이 인간을 위해 애쓰고 있다. 산과 들로 나서면 자연은 언제나 우렁우렁 손 흔들며 환대해 준다.

조물주는 인간에게 무궁무진한 에너지를 부여했다. 그 뜻을 제대로 받든 '나무를 심은 사람'이야말로 자연이 우리에게 보낸 성자다. 그의 우직했던 발자국마다 사시절 꽃이 핀다. 장 지오노의 정성이 깃든 메시지가 꽃으로 화한 거다.

훌라후프를 돌리며

신산공원으로 새벽 운동을 나섰다. 새해 들어 첫 길이다. 집에서 근거리라 오가며 산책도 즐기는 이곳은 사철 푸르러 도심 속 허파 역할을 톡톡히 한다. 샛별의 반짝임이 유별나다. 코끝에 감도는 냉기는 맵싸하지만 기분은 상쾌하다. 십여 분 전 잠자리에서 구물거리던 게으름은 간 곳이 없다. 발걸음이 가볍다.

입구로 들어서니 사방 산책로에 인적이 오가고 음악소리도 어서 오라 반긴다. 쉼터에는 벌써 어르신들이 쌍쌍이 손잡고 댄스를 즐기고 있다. 육신은 황혼이 깃들어 있지만 몸놀림은 새벽 정기를 받았는지 사뿐하다. 댄스 열기가 쌀쌀한 공기를 무색게 한다. 밀고 당기며 맴도는 손과 발에 신바람이 넘친다. 이른 새벽인데 열렬한 분위기의 댄스파티가 객쩍은 감도 있지만 운동 삼아서라는 명분으로 보면 미소까지 곁들여 봐 줄만 하다.

구성진 트로트 가락이 공원 안에 수증기처럼 떠다닌다. 밤새 추위에 떨던 온갖 생명들이 자욱한 트로트 가락에 감싸여 있다. 나도 통나무 두 개를 얹어놓은 기구에 드러누워 길게 기지개를 켜며 몸이 운동할 채비를 한다. 사지가 통나무 위에서 트롯 가락 따라 유연하게 근육을 움직여 준다.

훌라후프를 집어 든다. 원이 크고 철심이 둘레에 박혀 있어 묵직하다. 늘 하는 운동기구이니 인이 박일 만도 하건만 방심하면 밑으로 처지려 드는 녀석과 끌어올리고 당기는 단판 씨름을 벌인다. 힘겨루기에 밀리지 않으려면 다리와 허리의 긴장을 늦춰선 안 된다. 훌라후프도 늘 그랬듯이 순응하며 제 무게를 견디느라 기우뚱한 자세다.

어림짐작으로 지구의 자전축만큼 기운 자세다. 내가 거대한 지구의 축이 되어 돌고 있다는 환상에 빠진다. 발바닥은 땅에 달라붙어 부동이지만, 허리는 허공의 기를 빨아들이려 역동적으로 휘두른다. 원의 중심으로 들어오려는 힘과 그 중심에서 빠져나가려는 힘의 안배만 잘하면 마냥 돌아가는 단순한 원운동이지만 난, 지구의 원심력과 구심력의 힘겨루기를 조종하고 있는 느낌이다. 훌라후프가 명령에 맹종하는 졸병처럼 척척 감겨든다. 복종심이 지나친가, 허리살을 훑는 느낌이 모지다.

내 삶도 안과 밖을 돌고 도는 일상의 연속인 것을. 마음자리를 다독여 구심력을 키우고 주위와 어우르며 원심력의 균형을 잃지 말아야 하겠다. 돌이켜보면 내 안만 챙기려 드는 이기심이 가득했던 것 같아 뒤돌아보는 게 떳떳하지 않다.

새로운 해가 시작되었다. 무한의 반복 중, 무한의 기회가 또 주어진 거다. 해마다 연초 계획을 유야무야하며 무심히 넘기지만 어김없이 또 한 해가 주어짐에 감사한다. 지구가 태양 한 바퀴를 도는 숱한 날들 중의 하루지만 올해도 새해 새 마음으로 소망 하나 부메랑에 걸어 띄운다. 둥글게 궁굴려 모나지 않게 오고 가는 삶이고 싶다. 내가 던지고 내가 되받을 부메랑이기에.

훌라후프로 허리 강화 훈련을 한답시고 좌우 10분 돌리기에 지루함을 느낀 적이 많았는데 의미를 두고 운동하니 오늘은 가뿐하다.

훌라후프 돌리는 나를 가로등 불빛이 길게 투영시킨다. 내 딴에는 손까지 머리 위로 올리며 허리와 히프를 힘차게 돌리고 있건만….

어렵쇼! 뻬마른 바지랑대 하나, 제멋에 겨워 허청거리는 모습이다. 방향을 틀어 동쪽 여명을 본다. 다행히 동녘에서 붉은발을 쑥 내민 갓밝이가 내 그림자를 지우려 달려든다. 얼른 가슴으로 나를 맞는다.

천사와 악마의 나팔꽃

우리 동네에 왁자한 거리가 있다. 이곳은 저녁 어스름에 더욱 북새통을 이룬다. 먹자골목이라 온갖 음식 냄새와 사람들로 이리저리 피하며 잰걸음을 하는 곳이다.

십일월 초, 올해 발간할 동인지 마지막 편집을 마치고 문학 동인들과 저녁을 같이하려고 이곳을 지나다가 눈을 번쩍 뜨게 하는 꽃더미를 발견했다. 옷깃을 여미게 하는 기온인데 고고한 자태로 주위를 환하게 밝혀주는 한 무더기의 꽃, 번잡한 주차장 모퉁이가 눈부셨다.

"아 천사의 나팔꽃이네요." 같이 걷던 문인들이 일제히 환호한다. 유일하게 꽃 이름을 알고 있던 내게 질문들이 쏟아진다. 늘 서정의

꽃밭을 가꾸고 감상하며 거둬들이려 애쓰는 문학인들이니 소담하게 핀 꽃을 그냥 지나치지 못함은 당연지사일 터이다. 도시의 척박한 주차장 한구석에 피어서 더 진기해 보였다.

많이도 피었다. 한 가지에 서너 송이가 피기도 했다. 아담한 한 그루 나무에 어림잡아 삼사십 송이는 될 듯하다. 꽃 무게에 눌려 가지들이 위태롭다 싶게 휘어졌다. 한순간, 어머니의 구부정했던 허리가 연상되어 침을 꿀꺽 넘겼지만 따스한 손길이 머물렀던 흔적에 미소 머문다. 밑가지 마다마다에는 주위에서 융통했을 것 같은 빈 생수병과 막대기 등으로 휜 가지들을 받쳐놓았다. 무거운 꽃을 달고 힘겨워하는 가지에 응원을 보내지 않을 수 없다.

이 꽃은 만발하면 꽃 둘레가 함지박만 하다고 해도 과장이 아닐 듯하다. 제 무게에 겨워 고개를 꺾을 수밖에 없나 보다. “스스로 자기를 낮추는 자는 높아질 것이요. 스스로 자기를 높이려 드는 자는 낮아지리라.”는 성서의 귀한 말씀을 몸소 실천하려 함인가. 아니면 고개 들지 못할 애틋한 사연이 있어 하염없이 땅만 굽어보는 걸까. 더구나 꽃말은 ‘덧없는 사랑’이라지 않는가. 예쁜 이름을 지닌 꽃의 꽃말이 너무 무정하다.

헛된 사랑의 무상함에 하염없이 고개 숙여버렸을까. 찬란한 태양에 눈길 한번 주지 못하는 것도 모자라 밤에만 피며 달바라기 하고 싶어도 달에게조차 눈길 한번 주지 못하는 사연이 있는 것 같아 애처롭다. 다만 신이 내린 뜻을 감내하고 있어 순결한 이름, 천사의 나팔꽃이란 이름을 얻는 걸로 위안을 삼는지도 모른다. 인어공주가 혀를 잃어 말을 하지 못하는 고통이 있어도 사랑하는 왕자님 곁에 머무르며 행복해하였듯이….

만물은 음과 양이 있기 마련이듯 신묘하게도 천사의 나팔꽃과 쌍수를 이루는 꽃이 있다. 둘을 대놓고 보면 구별이 힘들 만큼 닮았다. 꽃잎을 여는 방향만 다를 뿐, 빼닮은 다른 꽃의 이름은 악마의 나팔꽃이다. 상반되는 이름처럼 꽃말도 다르다. '경애敬愛'가 이 꽃의 꽃말이란다. 악마란 이름을 가질 수밖에 없었던 까닭이 궁금하다. 천사의 나팔꽃은 겸손하게 고개 떨구어 땅에 읍소하는데. 노상 하늘을 올려보며 나팔을 불어 대니 무엄하다며 붙인 이름일까.

이 꽃이 고개를 뻔뻔하게 쳐든 모습에서 교만을 생각하게 하지만, 불교에서는 부처가 출현할 때 기쁨의 표시로 하늘에서 쏟아지는 환상적인 만다라 꽃을 상징한다지 않는가. 이름 같지 않게 꽃말은 고상함을 지녔다. 부처님 가호를 가득 받고 있으니 당당하게 하늘로 얼굴 치켜들어 뽐낼 만도 하겠다. 악마라는 이름을 달고 있지만 공경과 사랑으로 덕행을 쌓으면 천사로 거듭나게 되리라는 신의 깊은 뜻이 있지 않을까 엉뚱한 생각을 하게 하는 꽃이다.

한쪽은 천사라 하면서도 고개 숙여 축축한 음지의 쓸쓸함을 감내하게 하고, 한쪽은 고개 빳빳이 들어 태양의 기를 맘껏 마시며 악마라는 이름에 걸맞지 않은 호사를 누린다. 천사라는 이름 뒤에 덧없는 사랑이라 하고, 악마의 꽃이라 이르며 경애로 공손함을 베풀라

하시는 창조주의 의중이 아리송하다.

낮은 곳을 살피는 사랑에 힘 더 깃들이라 하심일까.

탐나라를 탐하다

범상치 않다. 흔하게 버려지는 물건들이 볼거리, 생각할 거리를 준다. 이곳 시설물 거의가 재활용품이라는 슬로건을 내건 게 은근 호기심이 발동한다. 찌그러지고 엎질러진 토기와도 교감이 오갈 것 같아 말 걸기를 해보고 싶다. 소주병이나 깨진 도자기 쪼가리도 바람벽에서 나뭇잎이 되고 꽃이 되고 보석으로 빛난다. 훌륭하다.

하찮은 것에 이야깃거리를 만들어 꾸미고 엮어 놓으니 무생물에도 숨결이 흐르고 눈길을 당긴다. 방문한 이들이 기증한 나무도 몸피 불리느라 바쁘다. 심고, 가꾸고, 함께한 마음자리에 미소 머문다. 제주 금악리에 관광지로 개발 중인 '탐나라 공화국' 이야기다.

모든 유 · 무생물은 존재할 가치가 있어 존재한다지만 눈 맛을 달

콤하게 하는 아이디어와 창의력에 휘둥그레진다. 어떤 물건도 서로 아우를 것 같은 재상상, 재창조 현장이다. 재활용의 개념을 넘어 새활용 창작물 세상이다. 아직 개장 전인데 '헌책 페어 축제' 행사로 한 달 만에 몇 십만 권의 책도 쌓여 있다. 폐기될 책을 되살릴 목적과 함께 독서문화 확산과 관광콘텐츠에 뜻을 둔, 책 모으기는 신선하면서 스케일이 어마하다.

'절대 불변의 고정된 도는 진정한 도가 아님'을 주창한 노자, 그를 기리는 예술관에도 기증받은 책이 이층 높이 되는 한쪽 벽을 장식했다. 수만 권의 헌책이 웅장하고 정숙한 분위기를 주도하고 있다. 아이러니하게도 벽에 쟁여 놓은 책 더미에 노자의 숨결이 서려 있는 듯 늘 깨어 있으라, 일침을 가한다.

어느 절에서 기증한 범종이 이곳에서 자연과 한몸으로 새 삶을 누리며 누각을 휘돌아 나와 우~우웅 포효한다. 그 소리 닿는 곳, 계곡과 연못 사이에 우람한 몸체 드러낸 흑룡이 눈을 부릅뜨고 있다. 한 점, 화룡점정이 흑룡을 용솟음치게 한다. 수억 년 동안 곶자왈에 묻힌 세월을 보상받으려는 듯 기세등등하다. 그 기를 지하에서 어찌 참았을까. 바위를 다듬던 석공도 뒤 물러서서 소스라쳤으리.

창의적 생각이 손길로 닿은 흔적은 마술 부리듯 없음이 있음이 되는 신기함의 연속이다. 상상으로 상상을 만들고 상상하는 상상의 나라답게 거시적인 안목의 달관이 놀랍다.

암석을 껴안고 지은 착상이 기발한 건물 안으로 들어섰다. 건물 바깥부터 형성된 거대한 암석을 건물 한복판으로 끌어들여 놓았다. 동굴 속 냄새가 난다. 원시적 감성이 물씬 풍겨 온다. 화산 폭발로 녹아내리며 구르고 뒹굴다가 한 덩어리로 길게 뭉쳐진 용암층이 건물 벽을 경계로 반쪽, 안과 밖으로 이산가족이 돼 버렸다. 그래도 억겁 동안 파묻혀 있다가 안팎으로나마 세상 빛을 보고 있으니 이런 때를 일러 천지개벽이라 해도 좋을 듯하다.

건물 안, 오십여 평 넓이의 제법 높은 암석 곳곳에 진열된 책들이 내 눈높이에서 아득했지만, 책 향기와 돌의 서늘함이 엉겨 묘한 분위기를 자아낸다. 공룡 등처럼 울퉁불퉁한 바윗돌마다에 온갖 색으로 치장한 책이 가지런히 놓여있다. 시커먼 현무암과 멋진 조화를 이룬다. 서로 개성을 뽐내며 오묘한 예술의 극치를 내보인다. 화이부동和而不同이다.

흙 누더기 옷을 과감히 벗어버린 돌덩어리, 그 투박한 알몸 틈바귀마다 책들이 어화둥둥 활개 치며 나비가 되기도 하고 꽃으로 피어 팔랑거린다. 책들의 현란한 몸놀림에 현무암 낯빛이 번들거린다. 전등 빛 따라 뒤척여대는 거동이 수상쩍다. 혹시 한라산 자궁에서 불 먹은 열정 되살려 책과 신접살이할 꿍꿍이라도 하나.

신록이 무르익는 7월, 탐나라에는 안팎 어울림으로 흥이 넘친다. 허전할 성싶은 자리에는 금계국과 루드베키아가 샛노란 얼굴로 방글거린다. 노란색이 주는 낙천적이면서도 자신감에 찬 미래를 꽃이 대신 내보이고 있다. 펼쳐질 풍요를 예감하게 한다.

세 개의 오름으로 둘러싸였지만 황폐하고 거친 곶자왈이었다. 지금은 수채화인 듯, 소담한 수련을 연못에 담았고, 오름을 배경 삼은 나리꽃 군락이 한 폭의 동양화로 다가온다. 크고 단단한 바위를 피해 자연에 순응하며 고불고불 둔덕 길이 되고 그 길 모롱이에는 야생화 만발하다. 빗물 한 바가지도 귀하게 여겨 물웅덩이를 다독인 팔십여 군데 연못은, 하늘이 내리신 물을 땅이 공손히 받드는 순정한 곳이다. 연못 둘레를 송이로 깔아 정화 작용을 하게 만든 것도 돋보인다.

제주도는 신생대 이후로 대여섯 번의 화산 분출로 형성된 땅이다. 마그마로 녹아내리며 구멍 숭숭한 현무암이 되었고, 고열에 타버린 점토가 돌숯 형태인 송이로 변했다. 그러니 현무암과 송이는 물을 지면에 잡아 놓지 못한다. 지하로 마구 내려 버린다. 이에 탐나라 수장은 제주에선 물을 잘 저장하고 관리하는 게 중요하다는 걸 간파했으리. 타관 객이건만 제주 섬의 풍토를 깨우쳐 옹골차게 실행하고 있다. 사택 건물 옥상에도 빗물을 담았다가 식물에게 되돌릴 요량으로 우수를 받아 저장토록 설계했단다. 이 정도이니 제주를 탐하는 것 같은 나라 명名은 껄끄럽지만 '탐나라 공화국'을 이끌 만한 대통령으로 '엄지 척' 해도 되겠다.

다만, 소망 하나, "자연을 아끼는 초심 잃지 말기를, 사람 손길 닿아 더 빛나기를, 이후엔 본디 순리에 맡기시길…."

탁란

갓 부화한 생명체가 내쫓긴다. 쫓김 당하는 새는 뱁새 새끼다. 눈알도 표피에 덮여 있고 피부가 물 젖은 종잇장 같은 몸으로 버티느라 오장의 할딱거림이 훤히 보인다. 거세게 밀어내는 생명체도 갓 부화한 뻐꾸기 새끼다. 금방 알을 까고 나왔으니 행색은 새끼 뱁새와 다를 바 없으나 몸집은 두 배 남짓이다. 굴러온 돌이 박힌 돌을 빼내려는 얌체짓이 고약하다. 엄마 뱁새가 아직 부화하지 않은 알을 품고 있어도 품 사이를 비집고 악착스럽게 밀쳐낸다. PC를 누른 손끝을 타고 소름이 온몸에 돋는다.

둥지 가까이 있는 나무에서는 더 놀라운 일이 벌어진다. 뱁새 둥지에 몰래 알을 낳아놓고 옆가지에 앉아 있는 어미 뻐꾸기가 소리를 질러댄다. 그 소리에는 제 새끼에게 힘을 실어 주는 전자파가 흐른다니 자연계의 생존 방식이라지만 오싹하다.

"내 새끼 힘내라 뻐꾹, 조금만 더, 더 밀어! 밀어! 뻐~꾹 뻐어~꾹."

몸집이 작고 여린 뱁새 새끼는 본능적으로 위협을 느끼는지 둥지 밖으로 밀리지 않으려 안간힘을 다한다. 제법 옴팡한 둥지라 이리저리 밀리면서 용을 써보지만 우악살스레 밀쳐대는 힘을 당하지 못하고 툭 떨어지고 만다.

아기 뻐꾸기가 알에서 나오자마자 어미의 응원을 받으며 처음으로 한 일은 살생이었다. 섬찍지근하다. 차라리 부화하지 않은 알을 밀어낼 때는 생명의 꿈틀거림이 보이지 않아서 "저런, 저런." 하면서도 그다지 애타지는 않았다.

"에잇! 미워!" 둥우리를 독점한 새끼 뻐꾸기에게 한마디 내지르지 않을 수 없다. 어미 뻐꾸기가 여름 내내 가지에 앉아 우아한 소리로 우는 것도 제 새끼를 응원하는 신호라 하지 않는가.

뻐꾸기는 제 둥지를 만들지 않는다. 남의 둥지에 알을 낳아 제 맘가는 대로 위탁하는 녀석이라 번식기가 되면 다른 새의 둥지를 넘보기 바쁘다. 며칠을 두고 점찍어 놓은 뱁새 둥지 가까이에서 기회를 엿본다. 어미 뱁새가 알을 품고 있다가 나가는 틈을 잡아 서둘러 알을 낳기 위해서다. 뻐꾸기는 희한하게 알을 낳기 전부터 몸속에서 부화 조건을 만들어 뱁새보다 일찍 부화한단다. 그에 더해 뱁새

알과 색깔까지 비슷하다니 기가 차다. 이기적인 유전자의 전형이다.

환경에 잘 적응하며 발전하는 종만 살아남는다는 다윈의 진화론 속 생태환경의 법칙을 떠올리며 긍정적으로 보아 넘기려 해도 뻐꾸기의 행태에 떨떠름한 기분이 드는 건 왜일까. 뻐꾹새의 본능적이고 치열한 생존법이 얄궂고도 끔찍하다. 사람도 자기의 이득만을 챙기려 들면 뻐꾸기의 생존만을 위한 이기적 내력을 갖게 되지 않을까.

애써 둥지를 만들어 알을 낳았지만 자식농사가 헛된 것을 모르는 어미 뱁새는 남의 새끼인 줄도 모르고 먹이를 나르기에 여념이 없다. 포유류는 생존 확률이 높고 건강해 보이는 새끼에게 정성을 더 들이고 소리 높여 보채면 먹이를 더 많이 준다나. 모성애적 본능으로 붉은 입을 벌리며 애타게 조르니 어찌하랴. 자기보다 다섯 배 가까이 자랐음에도 제 새끼로 알고 부리가 닳고 깃털이 다 망가지도록 헌신하는 어미 역할이 애잔하면서도 딱하다. 어미의 무조건적인 사랑의 끝은 어디일까.

드디어 둥지 안에 앉을 수 없을 만큼 커버린 뻐꾸기가 날개를 파닥이며 날 준비를 하면 어미 뻐꾹새는 이때다 싶어 새끼 뻐꾸기를 데리고 강남으로의 긴긴 여행 준비에 돌입한다. 옆가지에서 전자파로 신호를 보내며 둥지 밖으로 새끼를 불러낸다. "뻐~억국 내 새끼! 잘도 자랐네. 널 낳아 준 진짜 엄마 여기 있다. 어서 내게로 오렴. 뻐~꾹."

온 힘 다하여 키웠건만 홀연 새끼는 간곳없고 빈 둥지에 앉아 사방을 갸웃거리는 뱁새 어미, 기막힌 노릇이지만 어쩌랴. 한량없는 모성애가 죄일 수는 없으리.

동요 〈오빠 생각〉은 순수하고 맑아 동심을 자아내는 가락의 노랫말이다. 손자들 재울 때 곧잘 흥얼거렸다. 낙엽 떨어지는 가을에 어울리는 노래이기도 하다. 어린 시절 즐겨 불렀지만 갓 태어난 뻐꾸기가 뱁새 새끼를 둥지 밖으로 밀어내는 걸 보고 난 후론 뻐꾹새에 대한 선입관이 달라져 버렸다. 한갓 조류에 불과하지만 성악설의 본보기라 낙인찍었다.

성악설을 주창한 순자는 인간이야말로 욕망의 충족을 목표로 투쟁하는 이기적인 존재이니 본성은 악하다고 했다. 선한 면은 인위적이라고 말한다. 자기중심적이며 자신에게 이익 되는 것을 좋아하고 타인을 질투하고 미워하는 것은 선천적인 본성이라 역설했다. 기본적인 사람의 도리를 갖추게 되는 것은 후천적 노력과 사회성에 의해 이뤄진다며 이것이 성악설의 근원이라 정의한다.

순자의 성악설에 고개 끄덕이며 나를 들여다본다. 마음자리가 평형을 잃고 한쪽으로만 기울어진 것 같아 저울에 오르는 게 두렵다.

청포도와 사진 한 장

청포도가 익어가는 7월이다. 초목이 발랄한 계절이건만 국제사회는 어둡고 어수선하다. 청포도로 유명하다는 시리아의 다라야를 떠올린다. 이 나라는 7년간의 내전으로 수백만 명의 사람들이 난민 신세가 되어 다른 나라에서 부초 같은 삶을 이어가고 있다.

세계는 몇 년째 난민 문제로 인도주의에 정체성을 잃어가고 있다. 선진국이 앞장서고 있는 게 문제다. 대중의 뜻이라며 정치인들이 가세해 외국인 내지 난민들이 몰려들어 자국민들에게 피해를 준다고 성토한다. 지구라는 별이 인간 대 인간이 아우르며 사는 세상 일진대 손익계산서를 요구라도 하는가. 국수주의를 주창하며 애국이라는 가면으로 낯 뜨거움을 가리려 든다.

요사이 내 고향 제주도에도 무비자로 입국한 예멘 난민이 수백 명 머물며 난민 신청을 바라고 있어 난감하다는 소리들이 분분하다. 죽음을 피해 고국을 떠나온 난민들의 종교를 구실 삼아 위험하다는 기사도 띄운다. 한목숨 살아 보려고 떠도는 난민들을 그들의 종교 사상을 들먹이며 사지로 돌려보내라 한다. 어떤 종교도 윤리는 인륜 하나로 통한다.

그들의 처지를 생각하면 딱하다. 우리 민족도 칠십여 년 전, 일본의 식민지에서 벗어났지만 삼십오 년간을 조국을 상실한 일제 침략기가 있었다. 나라를 잃고 먼 이역 땅에서 암울하게 생활했던 선대들을 생각하니 예멘이나 시리아 난민의 심정을 헤아리지 않을 수 없다. 새삼 내 나라의 평안이 소중함을 깨우치게 한다.

암울한 현실을 극복하고 밝은 내일의 기다림과 염원을 담은 작품 중에 이육사의 〈청포도〉를 꼽을 수 있다. 그는 풍요롭고 평화로운 조국에서의 삶을 갈망하며 시로 절절히 엮었다.

'청포도'를 고향, 조국으로 변환하여 그리움의 이미지로 바꾼 시인은 칠월, 청포도를 따먹으며 광복된 조국을 찬양하리라 노래한다. 푸른 하늘이 포도 알알에 박혀 있다고 함으로써 조국으로 돌아갈 희망을 싱그럽게 표현한다. 하얀 모시 수건을 마련해 놓고 손님에게 청포도를 대접하리라는 것은 조국을 찾는 날, 펼칠 마음의 성찬을 미리 음미함이리라. 이육사의 시, 〈청포도〉를 나라 잃은 시리아의 난민이나 예멘 난민들이 해석하면 어떤 마음으로 받아들일까.

얼마 전에《다라야의 지하 비밀 도서관》이란 책을 읽었다. 시리아 내전의 현주소를 적나라하게 펼쳐놓는 동시에 자유와 비폭력, 인간다운 삶을 꿈꿨던 작은 도시 다라야 청년들의 이야기를 담고 있다.

이야기의 발단은 삼 년 전 페이스 북에 올라온 한 장의 사진으로 시작된다. 내전이 진행 중인 시리아 한복판에 있는 지하 도서관에서 청년 두 명이 책을 읽고 있는 사진이다. 암흑처럼 앞이 깜깜한 현실에서 지하 도서관을 만든 계기는 신의 계시처럼 왔다.

내전의 폐허 속에서 스물세 살 대학생 아흐마드가 건물 잔해에서 책 뭉치를 발견한다. 몇 쪽을 읽으며 지옥 같은 현실 상황을 잠시 벗어나 미지의 세계로 들어가는 기쁨을 맛본다. 온몸에 전율을 느낀다. 책 속에서 희망의 에너지를 본 것이다. 그는 책을 지하로 옮겨 비밀 도서관을 만든다.

한 달 육백여 차례 폭격이 무자비하게 퍼부어 대는 곳, 정부군 봉쇄로 식량과 의약품도 받을 수 없는 아비규환 속에서도 유일하게 희망을 품게 하는 곳은 지하 도서관이었다. 매일 사람들이 방문했다. 생텍쥐페리의《어린 왕자》도 인기 도서목록 중 하나였다. 지상은 절망의 나락에 빠져있지만 지하에서 펼친 책에는 가슴 따뜻하게 해주는 마력이 있었다. 마음의 상처를 어루만지며 마법 같은 힘과 용기도 주었다.

폭격 잔해와 함께 사라졌을 만여 권의 책을 모아 비밀의 도서관을 만든 청년 아흐마드와 친구들은 이웃들과 책을 읽으며 절망의 시간을 견딘다. 내일을 장담할 수 없는 삶 속에서도 책을 가까이 두고 공유하며 영혼을 살찌운 그들의 정신은 본받아 마땅하다.

한 장의 사진을 토대로 암울한 사람들의 일상을 작가는 감동 실화로 엮어 세상에 알렸다. 저자 델핀 미누이의 작가 정신은 훌륭하다. 시리아 내전에 대한 투쟁의 역사를 기록으로 남기면서 처연한 현장을 세계에 알리고자 했음을 찬양한다.

책 속, 실제 주인공들이 나눈 깊이 있는 대화는 우리들에게 어떤 상황에서도 놓지 말아야 할 것이 무엇인지를 묻는다. 그 물음이 묵직하게 와 닿는다.

개인의 서정을 민족적 정서로 바꾼 이육사의 〈청포도〉와 어느 절실한 이의 '사진 한 장'의 울림은 영원할 것이다. 그 위대한 울림을 가느다란 펜촉 잡은 작가란 이름으로 해냈다.

강순희 수필집
바람의 집

인쇄 2020년 8월 12일
발행 2020년 8월 14일

지은이 강순희
발행인 서정환
펴낸곳 수필과비평사
주소 서울시 종로구 삼일대로 32길 36(익선동, 운현신화타워 빌딩 305호)
전화 (02) 3675-3885, (063) 275-4000 · 0484
팩스 (063) 274-3131
이메일 sina321@hanmail.net essay321@hanmail.net
출판등록 제300-2013-10호
인쇄 · 제본 신아출판사

ISBN 979-11-5933-280-7 03810
값 10,000원

「이 도서의 국립중앙도서관 출판예정도서목록(CIP)은 서지정보유통지원시스템 홈페이지(http://seoji.nl.go.kr)와 국가자료공동목록시스템(http://www.nl.go.kr/kolisnet)에서 이용하실 수 있습니다. (CIP제어번호: 2020032697)」

Printed in KOREA

이 책은 국가문화예술진흥회, 제주문화예술재단, 제주특별자치도의 창작지원금 수혜로 제작함